搭地鐵 玩遍上海

U0004633

太雅

搭地鐵 玩遍上海

全新第八版

作　　　者	葉志輝
總 編 輯	張芳玲
發想企劃	taiya旅遊研究室
編輯主任	張焙宜
企劃編輯	張焙宜
主責編輯	張焙宜
修訂主編	翁湘惟、鄧鈺澐
修訂編輯	邱律婷
封面設計	許志忠
美術設計	許志忠
地圖繪製	許志忠

太雅出版社
TEL：(02)2368-7911　FAX：(02)2368-1531
E-MAIL：taiya@morningstar.com.tw
太雅網址：http://taiya.morningstar.com.tw
購書網址：http://www.morningstar.com.tw
讀者專線：(02)2367-2044、2367-2047

出 版 者　太雅出版有限公司
　　　　　106台北市大安區辛亥路一段30號9樓
　　　　　行政院新聞局局版台業字第五○○四號

讀者服務專線：(02)2367-2044、(04)2359-5819#230
讀者傳真專線：(02)2363-5741、(04)2359-5493
讀者專用信箱：service@morning.com.tw
網路書店：http://www.morningstar.com.tw
郵政劃撥：15060393 (知己圖書股份有限公司)

法律顧問　陳思成律師

印　　刷　上好印刷股份有限公司　TEL：(04)2315-0280
裝　　訂　大和精緻製訂股份有限公司　TEL：(04)2311-0221

八　　版　西元2024年06月01日
定　　價　390元

(本書如有破損或缺頁，退換書請寄至：
台中市工業30路1號　太雅出版倉儲部收)

ISBN　978-986-336-509-9
Published by TAIYA Publishing Co.,Ltd.
Printed in Taiwan

國家圖書館出版品預行編目(CIP)資料

搭地鐵玩遍上海／葉志輝作 . ― 八版.
― 臺北市 ： 太雅出版有限公司， 2024.06
面； 公分 . ―（世界主題之旅；53）
ISBN　978-986-336-509-9（平裝）

1.CST：火車旅行　2.CST：地下鐵路
3.CST：上海市
672.0969　　　　　　　　　　113004500

填線上回函
搭地鐵玩遍上海
全新第八版

https://reurl.cc/NQ1RKe

編輯室：本書內容為作者實地採訪的資料，書本發行後，開放時間、服務內容、票價費用、商店餐廳營業狀況等，均有變動的可能，建議讀者多利用書中的網址查詢最新的資訊，也歡迎實地旅行或是當地居住的讀者，不吝提供最新資訊，以幫助我們下一次的增修。聯絡信箱：taiya@morningstar.com.tw

上海幫幫主親自出馬，
為你發掘上海的精采！

　　從2006年到上海工作以來，一有空檔，就在上海的大街小巷中穿梭，找尋每一寸吸引人的地方：愛上這個城市的租界風情、老洋房的美感、梧桐樹下散步的悠閒，也愛上她豐富多彩的人文氣息、高速律動的競爭力、國際化潮流的腳步……。對於這個城市，我敢說是如數家珍般地熟悉，乃至於連上海地鐵局都史無前例地發出了「上海地鐵旅遊資訊達人證書」。為了讓更多遊客體驗到上海的美好，2012年我成立了「上海幫」，集結了許多旅居上海的夥伴，隨時把上海的美好透過臉書、部落格及這本《搭地鐵玩遍上海》傳遞給有需要的旅人。

「隨時都在變」，這就是上海！

　　為了應變上海的快速變化，我幾乎無法停下出門巡視的腳步，看看景點有沒有增加？有沒有新的美食餐廳開幕？有沒有更多值得介紹的商城、餐廳。不論你是否曾經來過上海，這個城市永遠可以帶給你新的感動，再一次，跟著我的腳步，一起遊歷這個亞洲最美麗炫目的大城市吧！

葉志輝

　　上海幫幫主(David)。熱愛旅行，把上海跟曼谷都當成第二個家，具有敏銳的旅行神經，總是能夠發掘出新奇、不為人知的角落與故事。

　　沉迷於上海的文化氛圍、城市氣息，踏遍上海街道里弄，並樂此不疲。能聽、說上海話，不論做什麼事，融入指數百分百！目前也是唯一獲得上海地鐵局官方認證的旅遊達人。

　　個人著作：《搭地鐵玩遍上海》、《開始在上海自助旅行》、《搭地鐵玩遍曼谷》、《在泰北發現天堂》等。

官方認證
上海地鐵局旅遊資訊達人

上海幫臉書：www.facebook.com/TravelinSH
我的部落格「大衛營」：www.davidwin.net
可以獲得上海即時資訊喔！

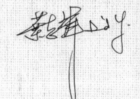

Shanghai

目錄

4 作者序
8 如何使用本書
9 編輯室提醒
10 上海旅遊黃頁簿
184 上海旅館住宿

16 上海8大印象

18 印象1：名人故居，思古懷幽
19 印象2：創意市集，引領潮流
20 印象3：極速磁懸浮，速度破表
21 印象4：特色馬戲秀，精采演出
22 印象5：F1賽車，緊張刺激
23 印象6：咖啡品牌與手搖飲
24 印象7：上海迪士尼，亞洲最大
26 印象8：上海必吃，美食菜色

28 上海地鐵快易通

28 注意事項、購票資訊

32

32 人民廣場站
40 一大會址·黃陂南路站
46 陝西南路站
56 常熟路站
64 徐家匯站

72 上海地鐵：2號線

72 中山公園站
76 靜安寺站
86 南京西路站
94 南京東路站
112 陸家嘴站
122 上海科技館站

126 上海地鐵：3號線

126 東寶興路站
134 虹口足球場站

136 上海地鐵：8號線

136 曲阜路站
140 大世界站
146 中華藝術宮站

150 上海地鐵：9號線

150 打浦橋站
154 七寶站

156 上海地鐵：10號線

156 交通大學站
162 豫園站
168 天潼路站

170 上海地鐵：12號線

170 提籃橋站

174 上海地鐵：13號線

174 江寧路站

178 上海地鐵：17號線

178 蟠龍路站
180 朱家角站

全書地圖目錄

33	人民廣場站
41	一大會址・黃陂南路站
47	陝西南路站
57	常熟路站
65	徐家匯站
73	中山公園站
77	靜安寺站
87	南京西路站
95	南京東路站
113	陸家嘴站
123	上海科技館站
127	東寶興路站
137	曲阜路站
141	大世界站
147	中華藝術宮站
151	打浦橋站
155	七寶站
157	交通大學站
163	豫園站
169	天潼路站
171	提籃橋站
175	江寧路站
179	蟠龍路站
181	朱家角站

如何使用本書

本書希望讓讀者能在行前充分的準備，了解當地的生活文化、基本資訊，以及自行規畫旅遊行程，從賞美景、嘗美食、買特產，還能住得舒適，擁有一趟最深度、最優質、最精彩的自助旅行。

地圖資訊符號

$ 金額		http 網址		🛏 旅館飯店	
✉ 地址		@ 電子信箱		🛍 購物商店	
📞 電話		FAX 傳真		🍴 餐廳美食	
🕐 時間		休 休息時間		📷 觀光景點	
MAP 地圖位置		ℹ 資訊		🍸 酒吧娛樂	
➡ 前往方式		⁉ 注意事項		1 地鐵站出口	

▶ 邊欄索引
顯示各單元主題、地鐵路線的顏色、站名，讓你一目了然。

▲ 地鐵路線簡圖
不僅有前一站、下一站的相對位置，還包含路線代號編碼、前往地區方向及轉乘路線資訊，輕鬆掌握你的地鐵動線。

▲ 地鐵站周邊街道圖
將該站景點、購物、美食的地點位置全都標示在地圖上。

遊賞去處

購物血拼

特色美食

休閒娛樂

▲ DATA
提供詳盡網址、地址、電話、營業時間、價錢、前往方式等資訊。

▲ 達人3大推薦
從遊客必訪、作者最愛、在地人推薦等3個角度，推選出必遊必玩之處。

▲ 主題景點與購物美食
以遊賞去處、購物血拼、特色美食，3大主題引領你進入這個城市。

臺灣太雅出版
編輯室提醒

太雅旅遊書提供地圖，讓旅行更便利

地圖採兩種形式：紙本地圖或電子地圖，若是提供紙本地圖，會直接繪製在書上，並無另附電子地圖；若採用電子地圖，則將書中介紹的景點、店家、餐廳、飯店，標示於GoogleMap，並提供地圖QR code供讀者快速掃描、確認位置，還可結合手機上路線規畫、導航功能，安心前往目的地。

提醒您，若使用本書提供的電子地圖，出發前請先下載成離線地圖，或事先印出，避免旅途中發生網路不穩定或無網路狀態。

出發前，請記得利用書上提供的通訊方式再一次確認

每一個城市都是有生命的，會隨著時間不斷成長，「改變」於是成為不可避免的常態，雖然本書的作者與編輯已經盡力，讓書中呈現最新的資訊，但是，仍請讀者利用作者提供的通訊方式，再次確認相關訊息。因應流行性傳染病疫情，商家可能歇業或調整營業時間，出發前請先行確認。

資訊不代表對服務品質的背書

本書作者所提供的飯店、餐廳、商店等等資訊，是作者個人經歷或採訪獲得的資訊，本書作者盡力介紹有特色與價值的旅遊資訊，但是過去有讀者因為店家或機構服務態度不佳，而產生對作者的誤解。敝社申明，

「服務」是一種「人為」，作者無法為所有服務生或任何機構的職員背書他們的品行，甚或是費用與服務內容也會隨時間調動，所以，因時因地因人，可能會與作者的體會不同，這也是旅行的特質。

新版與舊版

太雅旅遊書中銷售穩定的書籍，會不斷修訂再版，修訂時，還區隔紙本與網路資訊的特性，在知識性、消費性、實用性、體驗性做不同比例的調整，太雅編輯部會不斷更新我們的策略，並在此園地說明。您也可以追蹤太雅IG跟
上我們改變的腳步。
taiya.travel.club

票價震盪現象

越受歡迎的觀光城市，參觀門票和交通票券的價格，越容易調漲，特別Covid-19疫情後全球通膨影響，若出現跟書中的價格有落差，請以平常心接受。

謝謝眾多讀者的來信

過去太雅旅遊書，透過非常多讀者的來信，得知更多的資訊，甚至幫忙修訂，非常感謝大家的熱心與愛好旅遊的熱情。歡迎讀者將所知道的變動訊息，善用我們的「線上回函」或直接寄到taiya@morningstar.com.tw，讓華文旅遊者在世界成為彼此的幫助。

上海
旅遊黃頁簿

簽證

■一般簽證

　　往來大陸需持「台胞證」，可在台灣先行委託旅行社代辦，一般件約7～10天可以完成，需準備護照(有效期6個月以上)與身分證影本一份、最近6個月內拍攝之正面2吋照片一張，如有舊台胞證需一併附上。

■簽注

　　自2015年7月1日起，台灣人進大陸免簽注，只要憑仍在效期內的台胞證就可以直接入境中國。

■單次新證(落地簽)

　　沒有台胞證的人也可以在抵達上海機場後，辦理「單次新證」入境。辦理落地簽單次新證的這個方式，僅限沒有台胞證的遊客，且效期為3個月，請特別注意！申請時需準備的文件：

1. 中華民國護照正本(效期6個月以上)
2. 國民身分證正本
3. 2吋彩色照片2張
4. 申請費用為人民幣40元
5. 填寫「台灣居民口岸簽證申請表」
6. 兒童無身分證者，需備齊護照、戶籍謄本，或是可以證明與父母關係的相關文件

David的貼心提醒！

單次簽僅限未辦過台胞證，或台胞證效期過期的旅客方可辦理，已有有效台胞證，卻遺失或忘記攜帶之旅客，辦理落地簽有遭到公安單位刁難或拒絕之可能，建議在台辦理完成新證後，再前往大陸。

航空公司

目前台灣每天都有大量班機往返上海，你不妨依照時間、預算等因素來擇優搭乘。台灣幾個大型旅遊網站都提供機票販售與票價查詢，建議可於出發前先行上網比較，推薦掃碼查詢票價。

🌐 www.eztravel.com.tw (易遊網)
🌐 www.ezfly.com.tw (易飛網)
🌐 www.startravel.com.tw (燦星旅遊)

內地航空機票

如果你來到上海，還想前往其他城市旅遊，這裡推薦幾個線上訂票的網址：

去哪兒網

是內地厲害的機票比價網站，可以查找低價票券。

🌐 www.qunar.com

春秋航空

是內地知名的廉價航空，常常有￥99的機票，對於背包一族來說非常划算！

🌐 www.china-sss.com

出入境流程

入境上海

衛生檢疫→邊防檢查→領取交運行李→海關申報與海關檢查→進入到達接客大廳。

出境上海

辦理乘機手續→檢驗檢疫檢查→海關申報與檢查→邊防檢查→安全檢查→進入候機區。

海關

浦東機場進出流量大，通關可能會花上一些時間，請耐心等候。目前台灣旅客無須填寫出入境卡。

政府單位

上海台胞服務中心
✉ 上海市長寧區劍河路780弄7號
☎ (021)6262-5599

航空與交通

上海目前有2個機場，分別是位於浦東的浦東機場與浦西的虹橋機場，浦東機場距離市區約1.5小時車程，虹橋機場距離市區則僅45分鐘車程。遊客請務必確認自己的班機降落的機場與航廈樓，以免誤跑。

浦東機場

有2個航廈，出境時請務必注意你的班機屬於哪個航廈，並建議事先進行確認，如果有疑問可以撥打浦東機場詢問電話：96990。

虹橋機場

由於虹橋機場新增了對飛台北松山機場的業務，使進出上海變得更加方便。虹橋機場有2個航廈，對飛松山機場的班機停靠於一航廈(春秋航空、日韓航班與港澳台航班)。

虹橋機場距離市區僅45分鐘車程，建議直接搭乘計程車進入市區，一航廈到市區約40元人民幣，二航廈到市區約55元人民幣。

■ 機場巴士

機場巴士相當方便，只要一走出機場大廳就能搭乘。

巴士名稱	票價	營運時間(機場端)	行經路線
機場1線	￥36	07:00～23:00	浦東機場→虹橋機場、虹橋樞紐東交通中心
機場2線	￥2～28	06:30～23:00	浦東機場→普安路延安東路
機場4線	￥2～28	07:00～23:00	浦東機場→邯鄲路→運光新村→虹口足球場→上海火車站
機場7線	￥4～20	07:30～23:00	川沙路華夏東路→上南路華夏西路→上海南站
機場8線	￥2～10	07:00～20:40	海天三路→南匯汽車站
機場9線	￥28	07:00～23:00	浦東機場→莘庄地鐵站
夜宵線	￥18～34	至當日末班航班結束後45分鐘	浦東機場→龍陽路→世紀大道地鐵站→延安東路浙江中路站→延安中路華山路站→延安西路虹許路站→虹橋樞紐東交通中心

＊機場巴士營運時間：07:00～23:00，發車間隔約15～25分鐘

■ 出租車(計程車)

在上海，計程車叫做「出租車」，坐計程車叫做「打低」。以地鐵搭配出租車是非常方便的旅遊方式。由於目前上海的出租車全面加入APP叫車的服務範圍，因此尖峰時間路上攔車很困難，建議到達上海後安裝「滴滴打車」手機APP(需配合當地手機門號)，才能快速叫到計程車！

下車時請要求發票，如果有

懷疑被繞路，可以憑發票申訴，上海出租汽車管理處投訴電話：(021)6323-2150。

尖峰時段搶車你要有心理準備！上海人常常不等車上人下來就先坐進去了！你先招手的也沒用，就當作是個奇觀，笑笑就好，可別影響了你的好心情。

計價時段	起步費(3公里)	之後每公里
日間 (05:00～23:00)	￥14	￥2.4
夜間 (23:00～05:00)	￥18	￥3.1

■ 地鐵

上海地鐵目前有19條線路，營運長度為世界排名第一，四通八達的地鐵是遊客最方便的交通工具！

一個景點可以有多種路線，安排行程時，建議參考地鐵官網的運行路線圖，點選起點和終點站可查到全部路線、車程時間和票價，非常方便。

http www.shmetro.com

■ 火車

在中國境內搭乘火車，依形式有分硬座、軟座、硬臥、軟臥四種檔次。至於火車的車種，可以看火車編號：

Z──直達特快列車

T──特快列車

D──動車

K──快速列車

Y──旅遊列車

G──高速鐵路

沒有字母的四個數字──普通列車

公交車(公共汽車)

上海有非常多線路的公交車，行經範圍遍及大街小巷，相當方便。然而，由於上海通勤人口也多，遊客恐怕難以適應。

💲 一般票價¥2～3

渡輪

浦西到浦東以黃浦江相隔，其中有渡輪往來，價格又便宜，又能觀賞兩岸風光，非常值得，David在本書單元內會為大家介紹。

日常生活資訊

地理位置

上海位於長江與黃浦江的匯流處，簡稱「滬」、別稱「申」。是中國第一大城市，世界第十大城市，人口超過2,000萬，同時也是中國最重要的金融中心之一。

語言

普通話，上海人日常生活慣用上海話。

時差

與台灣無時差。

氣候

上海屬亞熱帶季風氣候，四季分明，全年平均氣溫約攝氏16度，夏天高溫可達35度以上，冬天最低溫接近0度，但是少有下雪。

電壓

220V(台灣電器除非註明國際電壓通用，否則請勿使用，以免損壞)。

貨幣和匯率

官方貨幣為人民幣(¥)；匯率：1元人民幣約可兌換4.2～5.2元新台幣。

原則上建議在台灣就換好人民幣，到達上海之後如果要用新台幣兌換人民幣，目前只有中國銀行、交通銀行、工商銀行、浦發銀行和上海銀行可以辦理。當然，如果你有在上海工作的台幹、台商朋友，與他們兌換是最划算的方式。

電話

中國手機電話目前實施「實

緊急電話
報警：110
救護：120
火警：119
氣象查詢：121
電話號碼查詢：114

名制」，因此需要憑台胞證到電信營業廳申辦，相對比較不方便。建議你出發前開通台灣電信漫遊(含5～7天網路漫遊)，價格約1,500元新台幣，最方便且不受中國網路屏蔽的影響，能上臉書喔！

信用卡

所有的商店幾乎都可以使用內地銀行發行的「銀聯卡」。國際通用的VISA、MASTER卡也日益普及(消費前請先詢問)。

範例一	打給太雅出版社 (02-2882-0755)	撥打方式為： 00-886-2-2882-0755
範例二	打回台灣手機 (093x-123-456)	撥打方式為： 00-886-93x123456

飲食

上海飲食包羅萬象，基本口味與台灣類似，只是料理往往重油重鹽，怕不適應可以在點餐時要求少油少鹽。路上有很多「蘭州拉麵」店，都是信奉伊斯蘭教的穆斯林回民所開，他們是不吃豬肉的，千萬不要犯了忌諱。

醫院

上海的醫療水平稱得上是中國之冠，不過醫院通常人潮非常地多，遊客對掛號流程也不熟悉，可以考慮由台灣醫療集團開在上海，專以服務台商為主的「禾新醫院」，禾新醫院並且提供健保給付申請的服務，請於就醫時詢問服務檯。

✉ 上海市徐匯區欽江路102號(近虹漕路口)

☎ 24小時急診專線：(021)6195-7888

在環球金融中心俯瞰上海多壯觀

假日和節慶

上海與台灣一樣採取週休二日制度。除了春節之外，每年最大的假期為5月與10月第一週，簡稱「五一黃金週」、「十一黃金週」，遊客應盡量避免該時段前來旅遊，屆時全中國的遊客湧向各景點，人數之眾多、數量之龐大，絕對會讓你嚇出一身冷汗！

治安狀況

上海的治安狀況良好，基本上無須擔心。要特別提醒的是扒手行竊，特別是人多的地方，例如地鐵、賣場、觀光景點等。

地鐵有所謂的「拉包」行為，就是小偷趁人群多偷拉開旅客的背包偷東西。如果發現被拉包，對方停手便罷，人在異鄉千萬別得理不饒人，本地人都知道上海這類團夥都不是單獨行動，一旦吵起來，其他同夥就會出現，請特別注意。

離境退稅

境外旅客在退稅商店購買退稅商品，可以獲得退稅，請注意規定與方式：

1.適用於在中國境內連續居住

上海重要節慶活動一覽表

活動／節慶名稱	活動地點	日期	特色
龍華撞鐘	龍華寺	農曆除夕	上海民間最重要的新年活動之一，市民齊聚龍華寺，聆聽「百八鐘聲」，象徵新年吉祥。
豫園元宵燈會	豫園	農曆正月初一到十八	古色古香的豫園將布置燈會，讓新年的氣氛與喜氣沸騰到最高點。
南匯桃花節	南匯區	三、四月	每年三、四月逢桃花盛開季節，上海郊區的南匯一片花海，吸引遊客前往。
上海旅遊節	上海全市	九月第三個週六開始	推出包括花車遊街在內的一系列旅遊節活動，熱鬧非凡。
國際音樂煙火節	世紀公園	九月	邀請世界級煙火表演，非常壯觀、美麗。
上海雙年展	美術館	兩年一屆	自1996年首次舉辦以來，已經成為世界上重要的美術展出之一。

不超過183天的外國人和港澳台遊客。

2. 需同一日，在同一退稅商店購買的退稅物品，金額須達人民幣500元。

3. 退稅商品不能在離境前開啟使用。

4. 離境日距退稅物品購買日不超過90天。

5. 退稅率為11%，幣別為人民幣。退稅方式包括現金或銀行轉帳2種。

請確定購物商城是否提供退稅服務，目前主要退稅商店集中於南京路、淮海路、豫園、徐家匯等地。購物金額超過人民幣500元，可到商城指定的櫃檯，開具增值稅發票、退稅申請單。

離境時在機場退稅點辦理(海關會查驗退稅商品)，完成後取得憑據，在登機通道中的浦發銀行取得退稅款。

手機支付

大陸地區目前已經全面的數字化，日常生活的所有事情都在手機上搞定，不論是搭地鐵、買火車票、吃飯點單、購物消費、共享單車、景點預約、購票等等，生活中的所有事情，現在通通在手機上搞定！

現在來到上海旅遊，雖然還是可以使用現金，但是你會發現很多店家遇到大面額就找不開，所以最好先安裝好具有電子支付功能的兩個APP：支付寶、微信。

今年針對台灣遊客優化了步驟，讓台灣遊客也能夠憑台灣門號＋台灣信用卡來使用支付寶、微信，這樣去大陸旅行就方便不少。由於註冊、使用的細節較多，難以用小篇幅呈

現，幫主有寫了完整教學，請掃碼閱讀。

支付寶註冊使用教學

微信註冊使用教學

付款、乘車、搭地鐵都可以用手機支付

最適合旅遊的季節

上海四季有不同的美，春夏兩季整個上海街頭梧桐樹枝繁葉茂盛，漫步其下浪漫指數百分百，不過夏季的上海市區高溫可達40度，要注意避暑。冬季的上海氣溫可能接近零度，偶有下雪的機會，運氣好的話來上海踏雪賞景或是過個白色聖誕節也不賴！

夏天的上海梧桐樹綠色隧道(桃江路)

秋意蕭瑟的上海(甜愛路)

搭地鐵玩遍
上海

Shangh

圖片提供／柏悅酒店

上海這個城市除了沿著地鐵的諸多景點之外，當然也有許多值得特別歸類來詳細介紹的內容，本篇將涵蓋名人故居、創意市集、極速磁懸浮、特色馬戲秀、F1賽車、咖啡品牌與手搖飲、上海迪士尼、必吃美食等8大印象。建議你先全部閱讀一遍，這其中包括了許多David特別探究的內容，就算因為時間不足無法統統前往，在我的介紹之下，你對於上海的認識也將如同歷經了一場虛擬之旅！

上海8大印象

印象1：名人故居，思古懷幽　　18
印象2：創意市集，引領潮流　　19
印象3：極速磁懸浮，速度破表　20
印象4：特色馬戲秀，精采演出　21
印象5：F1賽車，緊張刺激　　　22
印象6：咖啡品牌與手搖飲　　　23
印象7：上海迪士尼，亞洲最大　24
印象8：上海必吃，美食菜色　　26

名人故居，
上海印象① 思古懷幽。

　　上海這個城市歷經了長年歷史的洗禮，當然也留下了許多的名人、故居，對於歷史懷舊、老房子有興趣的遊客，不應該錯過這些留下來的眾多建築，我在後面的各地鐵站會陸續介紹一些值得前往的知名故居。

老洋房充滿歷史的美感

　　你知道嗎？據不完全統計，上海各時期的名人故居達600多處，其中列入文物保護單位的有28處，那些你耳熟能詳的歷史人物都曾經風光一時，留下他們與上海這個城市的一段情緣，如：毛澤東、孫中山、蔣介石、杜月笙、張愛玲、魯迅、蔡元培等等。

　　這些故居要看什麼呢？有些故居看外觀，當年那些叱吒風雲的人物所留下的故居，氣勢恢弘，完全彰顯了其身分與地位，如汾陽路上有小白宮之稱的白崇禧將軍故居、民初四大家族「蔣宋孔陳」的故居等等。

孔祥熙故居

　　有些故居看文物，一些影響中國歷史甚巨的歷史人物，除了故居之外其生前文物也被妥善地保存下來，非常具有歷史意義，如孫中山、宋慶齡、毛澤東故居等等。有些故居則發思古之幽情，幻想著時空交錯，與一代文人的作品、愛情故事來個虛擬的接觸，感覺自是大不相同，如：張愛玲、徐志摩、阮玲玉故居等等。如果你是一個對歷史、老房子、懷舊有特殊喜愛的旅遊者，就不要錯過與名人故居來個交錯時空的約會！

多倫路上的白公館

故居名稱	最近地鐵站	入內參觀	介紹
孫中山故居	13號線淮海中路站	○	P.49
蔣介石愛廬	1號線常熟路站	✕	P.58
毛澤東故居	2號線南京西路站	○	P.90
蔡元培故居	2號線靜安寺站	○	P.81
張愛玲故居	2號線靜安寺站	✕	P.81
魯迅故居	3號線虹口足球場站	○	P.135
孔祥熙故居	3號線東寶興路站	✕	P.129
宋慶齡故居	10號線交通大學站	○	P.159

上海印象❷ 創意市集，引領潮流。

上海不單單在經濟面向上有傲人的成績，在對於文化創意產業也同樣有著蓬勃的發展，在政府與民間藝術團體的共同努力下，創意園區在上海正孕育著文化的新生命力。

上海可不單單只是個國際級大城市而已，它在人文創意方面也有著很深的著墨，由於上海有許許多多老房子與老廠房，上海政府為這些老建築注入全新的生命力，把它們打造成創意聚集區塊，現在也成了最受遊客歡迎的景點之一囉！

上海的創意市集，最有名的有老上海石庫門建築改建的「田子坊」、老紡織廠改建的「莫干山路50號」、汽車制動器廠改建的「八號橋」、舊屠宰廠改建的「1933老場坊」、鋼鐵廠改建的「紅坊創意園區」、建築大師登琨豔的「濱江創意園區」、四行倉庫創意園區等等。

這類創意園區的空間都相當有藝術氣息，為過去的老式建築賦予了全新的藝術生命力，不但可以見識過去上海廠房的歷史痕跡，還能夠體驗新的藝術氛圍，非常值得你花些時間體驗。你將有機會感受到新穎藝術家的奇想與創作，融合了新舊潮流的視覺衝擊、建築藝術的思維突破，在後面我將就鄰近的地鐵站逐一進行介紹！

1933過去是屠牛廠

田子坊舊里弄的新生命

老上海場地現在是旅遊景點

創意園區	最近地鐵站	介紹
田子坊	9號線打浦橋站	P.152
莫干山路50號	13號線江寧路站	P.176

上海印象❸ 極速磁懸浮，速度破表。

上海的磁懸浮列車是全世界第一條投入商業運營的磁懸浮專線(2003年)，路線由龍陽路站至浦東機場，來回運送客人往返機場，全長29.863公里，只要8分鐘，最高時速可達431公里！

磁懸浮列車與月台

看點一：極速狂飆

你能想像搭乘時速430公里的交通工具是什麼感覺嗎？要知道地表最快的F1賽車時速也不過300公里呢！這速度確實有夠驚人，不體驗一次怎麼可以呢？兩側的景物飛也似地被拋在後方，其中一段與高速公路並行的路段，可以比較出來列車速度有多快，高速公路上的車輛相對來看就顯得超級慢唷！

最高時速可達430公里

看點二：瞬間音爆

列車是來回運送乘客，所以中途會有列車交會的時刻，由於雙向車輛時速都超過350公里以上，強烈的牽引氣流加上兩車交錯時相距不遠，會造成列車玻璃承受強大的瞬間氣流，產生一陣音爆響！而且由於車速實在太快，兩車交錯的瞬間可能僅有0.05秒！你只聽到一聲巨響，兩車就交會過了，根本完全看不見對方呢！

票價資訊

一般票¥50，憑當天的機票優惠價¥40(可以列印機票確認函或手機確認資訊)，還有一種更適合遊客的搭配則是「磁浮地鐵一票通」：單次磁浮＋地鐵一日票，價格為¥55；來回磁浮＋地鐵一日票，價格為¥85。

磁懸浮車票

磁懸浮車廂空間

特色馬戲秀，精采演出。
上海印象 ❹

上海有一個必看的演出，連續演出十幾年不間斷，幾千場的表演讓看過的人無不印象深刻，連湯姆克魯斯都驚呼這是世界級的表演藝術，它就是《時空之旅》。「秀一個上海給世界看」這是上海馬戲的霸氣宣言，如今，在《時空之旅》演出幾十年後，2.0版本正式推出！！更加精采、更多媒體特效、更震撼人心，依舊推薦大家一定要來欣賞！

《時空之旅2》延續了之前的精彩，邀請法國鳳凰馬戲公司編創團隊參與創作，總導演Alain Pacherie，將來自上海過去、現在、未來的畫面，結合上海各處的街道、公園、廣場為靈感，設計全新的演出內容，保留了飛車特技之外，幾乎所有的內容都是全新設計、編排，加上更全面的3D多媒體影像聲光效果，要帶給觀眾全新的視覺體驗！

頂上功夫真本事

圓形展場搭配多媒體效果震撼視覺

高空絕技與鴿子一起表演

壓軸演出就是鐵籠飛車秀

DATA
📧上海市閘北區共和新路2266號 📞(021)6652-5468 🕐每晚19:30演出 💲¥280、380、480、580、880 🚇地鐵1號線，上海馬戲城站(3號出口)

(本篇照片提供／上海馬戲城)

上海印象⑤ F1賽車，緊張刺激。

對於喜愛速度感、熱愛汽車的人，我要特別推薦上海的另一項重要活動，那就是「一級方程式賽車」(簡稱F1)。

上海是F1賽車的比賽場地之一，也是距離台灣最近的一個比賽地點，既使你不懂賽車，看看下面這些理由也許會讓你心動。一級方程式賽車號稱是全世界最昂貴的運動項目，每年巡迴世界各國展開比賽，目前亞洲在中國、韓國、日本、馬來西亞與新加坡有賽事舉辦。上海賽場可以容納觀眾總數為200,000人，相當於一個中等城市的全部人口。上海賽場比賽全程為305.066公里，相當於上海到南京的航空距離。

看著時速超過300公里、每輛賽車造價千萬、震耳欲聾的引擎聲，加上來自世界各地的加油車迷，這樣的世界級賽事，你能不去參與一回嗎？何況上海賽車場本身就很有看頭，以「上」字形設計，其難度連車神「舒馬克」都曾在此失足。

David的貼心提醒！

風馳電掣的觀賽祕訣

☐ 如果你的預算有限，建議購買票價較低的草地票，你可以在偌大的草地區任意移動，自行找尋好的角度與地點坐下觀賞。

☐ 耳塞千萬不要忘記購買，賽車高速通過時的聲響，會強力震撼你的耳膜，過癮極了！

☐ 盡量別購買黃牛票，因為假票事件時有所聞。

DATA

🌐 有關F1上海站每年的比賽時間，可以上賽會網站 www.icsh.sh.cn 查詢

💲 ￥480～3,280

➡ 上海賽車場位於嘉定，距離上海約1小時車程。現在地鐵11號線可以直達，前往觀賽可方便多了

來自世界各地的車迷瘋狂參與

分秒必爭的換胎

主看臺近距離欣賞

上海印象 ❻
咖啡品牌與手搖飲。

如果你在台灣就是屬於天天都要喝咖啡、買手搖飲的族群，來到上海就不要忘記試試大陸正夯一些飲料品牌，比較看看是上海的好喝還是台灣的呢？

喜茶

喜茶是2012年誕生於廣東的手搖飲料品牌，由於原料講究、品項多元、口味好喝，飛快的席捲市場，並擴張到全中國，想當年它剛進上海時，排過要超過8小時！甚至還有黃牛代排業務，如今門店眾多，依舊吸引大量支持者，各位不妨喝看看，David覺得喜茶的飲料確實出眾，會紅不是沒道理的！

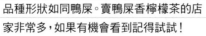

鴨屎香檸檬茶？

來到上海你有機會在許多手搖飲店，看到主打「鴨屎香」的檸檬茶！難道這檸檬茶有鴨屎味道嗎？事實上，鴨屎香是大約2021年廣州手搖飲品牌「丘大叔」發明，原因是茶葉品種形狀如同鴨屎。賣鴨屎香檸檬茶的店家非常多，如果有機會看到記得試試！

瑞幸咖啡

瑞幸咖啡是中國本土品牌，厲害的是在中國市場它已經打敗星巴克，中國擁有超過一萬家門店，其品牌形象就是藍底+長角鹿的LOGO，大陸民眾稱之為「小藍杯」，深受年輕族群與上班族的喜愛，由於門店眾多你很容易就會遇到，不妨喝喝看這個大陸領導品牌的咖啡味道吧！

Manner咖啡

Manner咖啡是上海發跡的咖啡品牌，最早僅是位在南陽路上一間小小門面的咖啡店，秉持Make Coffee Part of Your Life(讓咖啡成為生活的一部分)精神，主打精品咖啡，後來打開市場，如今門店遍及上海，在全國範圍也有超過500家門市，David個人非常喜愛他們家的咖啡，畢竟我是從他們還是小店的時候一路喝著看它茁壯的啊！

23

上海印象⑦ 上海迪士尼，亞洲最大。

David的貼心提醒！

迪士尼原則上全面線上售票，請在官網或第三方平台購票，採實名制，入園當天需攜帶台胞證。

上海迪士尼相關的服務都在官方APP上呈現，包括購買「快速通關」，記得先下載！

上海迪士尼線上預購

DATA

- 🌐 www.shanghaidisneyresort.com
- ✉ 上海市浦東新區川沙鎮黃趙路310號
- 🕐 園區開放08:30～21:30
- 💲 常規日：¥475
  特別常規日：¥599
  高峰日(暑假、週末、節日)：¥719
  特別高峰日(春節與國慶連假)：¥799
  兒童(100～140公分)、老年人(60歲以上)約75折
- ➡ 地鐵11號線，上海迪士尼站直達

上海迪士尼是亞洲場地最大、票價最低、離台灣又最近的迪士尼唷！喜愛迪士尼樂園的遊客豈能錯過！

整個迪士尼度假區，包括7大主題園區：米奇大街、奇想花園、探險島、寶藏灣、明日世界、夢幻世界、玩具總動園。以及兩座主題酒店：上海迪士尼樂園酒店、玩具總動員酒店。

上海地鐵11號線也特別設置了迪士尼站，只要搭乘地鐵就可以輕鬆抵達，由於占地廣大加上遊客眾多，建議早點進場才能玩到最多的項目，或是可考慮住在迪士尼樂園的酒店，輕鬆玩上2天。

迪士尼除了熱鬧的人物秀、花車遊行、許多的遊樂設施之外，也在整個園區內配置了許多餐廳，所以不用擔心用餐問題，煙火秀在晚上演出，所以無論如何也要在園區待到晚上！

招牌的迪士尼城堡

創極速光輪是上海迪士尼的獨家項目

黑武士在路上巡邏

一定要待到晚上看完煙火秀喔

　　遊樂設施方面,就留給讀者自己去探索,不過David要建議大家,可優先體驗「創極速光輪」:乘坐兩輪式極速光輪,在軌道上飛馳,配合了聲光效果與多媒體展示,可以說是未來進化版的雲霄飛車。

寶藏灣有加勒比海盜、
獨木舟等項目

25

上海必吃，美食菜色。

經典本幫菜

紅燒肉

　　本幫菜的經典菜色，非點不可！簡單的紅燒肉各家主廚卻能有不同的呈現；濃油赤醬的料理方式，十足的家常菜色，充滿甜味的滷汁包裹著鮮嫩的五花肉，相當下飯的一道菜，沒吃到就不算來過上海喔！

清炒河蝦仁

　　正統的上海清炒河蝦仁，用的是江蘇高郵河蝦仁，蝦仁雖小，但入口鮮、嫩、滑、清，講究火候與外裹薄漿，吃起來清爽中有著QQ的鮮甜，是本幫菜的特色料理之一。河鮮的美味與常吃的台灣海鮮不同，可以試試。

酒香草頭

　　草頭這種植物在台灣好像沒有，原名為苜蓿或三葉草，大部分餐廳都能點到酒香草頭這道菜色：利用白酒大火快炒而成，這道菜白酒下手很重，酒氣沖天，吃得我都醉了，台灣遊客可能吃不慣。

心太軟

　　這算是一道小品，用鮮紅棗，將棗核剔除後，棗仁中包裹了上不黏牙、軟糯適中的糯米小糰，現點現做趁熱吃，絕佳風味齒頰留香。

烤麩

　　烤麩是一種用麥子磨粉後分離後，經發酵蒸製出來的食品，口感類似台灣的麵筋，軟中帶Q。在上海的餐廳稱之為「四喜烤麩」是著名的上海涼菜之一。

大閘蟹

　　秋季來上海旅遊絕對不能錯過當令的大閘蟹，秋季來自陽澄湖的大閘蟹肥美多膏，是老饕的最愛，只需要清蒸就能上桌，沾醋配黃酒，人生一大樂事！

品嘗星級料理有訣竅

中午吃得好，晚上嘗當地小吃：因為上海絕大多數高貴的餐廳都有中午套餐或是Brunch的服務，價格要合理得多，而且同樣可以品嘗到星級料理與服務呢！

必吃小品精華

麻辣燙

上海街頭常能看見的小吃，一碗好料只需少少預算，相當超值。自選內容後在麻辣湯底川燙上桌，香噴噴又好吃，而且花費不高，深受當地民眾喜愛，推薦到「靜安小亭麻辣燙」(P.92)體驗看看喔！

小籠湯包

紅遍大江南北的小籠湯包，據說，最早便是起源於上海南翔小籠。小籠包的特色薄皮與多汁內餡，深深吸引了大江南北饕客的心，來到上海也不要錯過了喔！熱騰騰的小籠湯包，絕對征服你的味覺。

白斬雞

說到白斬雞，上海最出名的莫過於百年老店小紹興了，油嫩的雞肉與恰到好處的油脂分布，入口回味久久。現在連鎖的「振鼎雞」也能品嘗到這道美味料理，好吃又不貴，卻依舊令人回味無窮。

生煎包

上海小吃排名首位，特色是皮薄餡厚、內餡透湯而皮Q，一面煎得焦脆另一面則有包子的口感與香氣，知名的「小楊生煎」在上海分店處處，價格十分親民，美味超值，一定要嘗看看！

黃魚煨麵

說到這個黃魚煨麵，是上海人都知道的好味道，魚骨魚頭加薑片熬湯，加入鮮嫩的黃魚肉塊，再加上剁碎的雪菜，一碗熱騰騰的好麵上桌！

奶油小方

不論你問任何一個上海人都能告訴你：紅寶石的奶油小方，就是上海人的味道！其實這是塊帶有奶油的蛋糕，綿密的奶油與細緻的蛋糕組，成了上海人的最愛口味。

上海
地鐵快易通

上海目前已經有19條營運地鐵路線，以數字與顏色來進行區分（請參考地鐵官網的運行路線圖），幾乎涵蓋了整個上海地區，而且還將不斷地增加、延長。面對如此龐雜的地鐵系統，David教你一個小訣竅：原則上「1號線貫南北、2號線通東西、4號線環繞市區」，對於不想複雜的遊客來說，抓住這3條地鐵也就能掌握上海大部分重要景點了。

■ 注意事項

1. 上海地鐵最低票價為3元人民幣。
2. 上海地鐵上下班尖峰時間人潮洶湧，請盡量避開此時段出行。
3. 上海因為人口眾多，因此地鐵往往人多擁擠，請務必注意你的隨身物品。為避免擁擠中遭竊，搭乘地鐵時背包請揹到前面來。

■ 購票資訊

上海地鐵票分為「一票通」、「公共交通卡」、「一日票」與「三日票」四大類：

■一票通

一票通是單次使用的地鐵票，利用售票機指定起迄站後，依系統指示金額購買。這種票只能一次進出，出站收回，最低票價￥3。

■公共交通卡

公共交通卡是上海最方便的交通卡，使用範圍包括了地鐵、公交車、計程車、渡輪等等。如果你停留的時間較長，或是地鐵使用率高，建議可在各地鐵站窗口購買，押金￥20。公共交通卡採感應進出地鐵站。

■一日票與三日票

這兩種票都非常適合來上海旅遊者選用，一日票￥18，24小時內不限次數進出；三日票￥45，自首次進站起72小時內可任意乘坐地鐵。

購買地鐵票 Step by Step

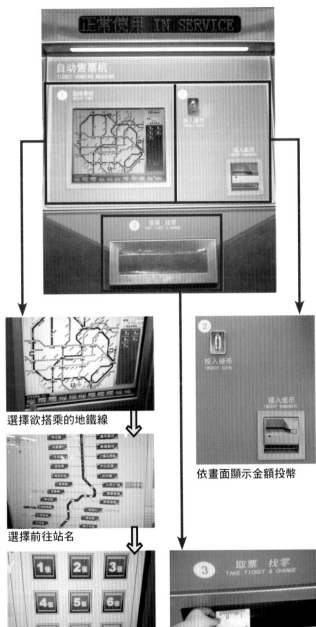

選擇欲搭乘的地鐵線

選擇前往站名

選擇購票張數

依畫面顯示金額投幣

取票與找零

搭地鐵玩遍
上海

Shangh

上海城市之旅，最方便的工具就是「地鐵」，目前已投入營運的地鐵線路已達19條，David為你化繁為簡，剔除基本通勤地鐵站，將真正具有旅遊價值與景點的地鐵站挑出，既能節省你的時間，更能充分體驗上海城市旅遊的精華！

上海地鐵分站導覽

1號線	32
2號線	72
3號線	126
8號線	136
9號線	150
10號線	156
12號線	170
13號線	174
17號線	178

ai

1號線
Line 1

上海最繁華的城市中心點

人民廣場站
People's Square

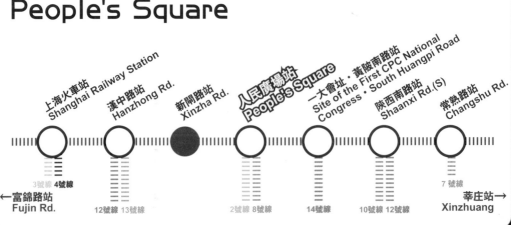

上海火車站
Shanghai Railway Station

漢中路站
Hanzhong Rd.

新閘路站
Xinzha Rd.

人民廣場站
People's Square

一大會址‧黃陂南路站
Site of the First CPC National
Congress‧South Huangpi Road

陝西南路站
Shaanxi Rd.(S)

常熟路站
Changshu Rd.

3號線 4號線

7號線

←富錦路站
Fujin Rd.

12號線 13號線

2號線 8號線

14號線

10號線 12號線

莘庄站→
Xinzhuang

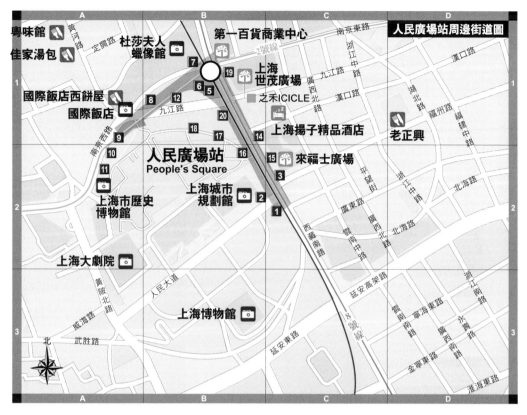

粵味館　黃河路
佳家湯包
杜莎夫人蠟像館
第一百貨商業中心　南京東路
2號線
定興路　浙江中路
漢口路
國際飯店西餅屋
國際飯店
九江路
上海世茂廣場
之禾ICICLE
九江路
廣西北路
漢口路
湖北路
福州路　福建中路

南京西路
人民廣場站
People's Square
上海揚子精品酒店
老正興
來福士廣場
浙江中路
北海路

平望街
西藏南路
廣東路
雲南中路
廣西北路
北海路
浙江南路

上海市歷史博物館
上海城市規劃館

上海大劇院
黃陂北路
人民大道
咸海路
武胜路
北

上海博物館
延安高架路
雲南南路
廣西南路
永壽路

延安東路
廣西南路
金海東路
淮海東路

延東路

人民廣場與人民公園，1949年以前是出名的「跑馬廳」；然而現在的人民廣場，不僅是城市中心的交通樞紐，更是南京路步行街的起點，以及眾多上海重要文化、市政建築的聚集地點。基本上，上海之旅可以將人民廣場作為起點，以此站為中心，向城市的每一個方向出發，目前地鐵1、2、8號三條線在此點交會，是上海最為繁忙的交通轉運基地。

正因為其城市中心位置的重要性，建議對於背包旅遊族，不妨將第一站安排在人民廣場，首先去造訪「上海城市規劃館」，如此一來，不但可以讓你對上海獲得第一手的認識，同時也可以親身體驗這個幾乎等於台灣人口總和的大城市，感受它繁華與擁擠的情況。

上海達人 *Shanghai* 3大推薦地

在地內行推薦
上海市歷史博物館

在人民廣場角落的這棟鐘樓造型建築，就是昔日的跑馬總會喔，目前以博物館的型態對外開放。(見P.36)

作者最愛
國際飯店

這裡不但是建築大鄔達克的作品，更是上海城市中心座標所在地。(見P.36)

觀光客必訪
上海城市規劃館

作為接待海外賓客的入口，上海城市規劃館是你上海之旅起點的好選擇，先瞭解上海的歷史，看看上海的空間位置，這樣你對這個城市可以擁有足夠的認識。(見P.35)

遊賞去處

館藏豐富，免費參觀
上海博物館

MAP P.33 / B3
1號出口
步行約2分鐘

DATA
http www.shanghaimuseum.net ✉上海市人民大道201號
☎(021)63723500 ◷09:00〜17:00 休週一 $免費參觀

以中國人「天圓地方」概念設計的上海博物館，不僅外型特別，館藏也相當豐富，1樓的青銅、雕塑；2樓的陶瓷；3樓的書法繪畫；4樓的錢幣、家具、玉器，足以讓你度過一個豐富的午後時光。

遊賞去處 大陸地區第一家蠟像館

杜莎夫人蠟像館

MAP P.33／B1
7號出口
步行約1分鐘

DATA

http www1.madametussauds.com/shanghai
✉上海市南京西路2-68號新世界城10樓 ☎4000-988-966
🕐10:00～21:00 💲大人￥200，學生￥160

　　始於英國倫敦，目前在阿姆斯特丹、紐約、拉斯維加斯、香港和上海有其分館。成龍、謝霆鋒、湯姆克魯斯、愛因斯坦等等名人的蠟像都在其中，如果想要與巨星近距離拍照，這裡倒是個好選擇，對了，也別忘了跟身高超過220公分的中國NBA球星姚明比一比喔！

1阿湯哥蠟像和本人一樣帥氣 **2**已逝的英國黛安娜王妃 **3**成龍大哥蠟像

遊賞去處 各國領袖造訪上海的第一站

上海城市規劃館

MAP P.33／B2
2號出口
步行約1分鐘

DATA

http www.supec.org ✉上海市人民大道100號 🕐09:00～17:00 💲成人￥30，兒童￥5

David的貼心提醒！

　　上海的眾多景點，如果現場購買原價票都頗昂貴，讀者可以利用線上預訂的方式取得優惠價格，幫主幫大家把優惠購票集結於此：www.davidwin.net/?p=39866

　　上海城市規劃館的建築本體就很有看頭，巨大的白色建築，是以中國城門造型做為設計的出發點，在2000年獲得中國建築最高榮譽「魯班獎」。這裡不僅僅是對遊客開放參觀，同時也是所有外國元首、使節來到上海時一定會前來參觀認識上海的門戶，開館20年來已接待遊客超過722萬人次。

　　1樓序廳中央是一座大型的8K環幕，展示名為上海印象的城市畫卷，旁邊的牆面則是有1931～2017年上海經歷的6輪城市總體規劃內容。其他樓層則有新式的展出場館，利用多媒體、投影、VR、AR、全息影像等將上海演變的時間序呈現出來，非常適合初到上海的遊客先來認識上海發展的脈絡。

18D多媒體影像 **2**上海城市建築模型 **3**展出上海的城市規劃內容

遊賞去處

鄔達克經典建築，上海城市座標原點

國際飯店

`MAP` P.33／A1

8號出口
馬路對面就是

DATA

✉上海市南京西路170號 ☎(021)6327-5225
💲入內參觀免費，住宿價格￥800

　　把飯店當景點？是的！因為這棟建築是匈牙利建築大師鄔達克，在上海的成名作品，1934年建成，當時是「遠東第一高樓」，正對著當時的跑馬廳，昔日風光可以想見，歷史上許多名人也都曾經造訪。其實當它還在建造的時候，年輕的貝聿銘經過，看到如此高聳的建築，啟迪了他成為建築師的夢想，後來才成為世界知名的大師。

　　不過許多人不知道的是，上海的中心點就在這座建築內！現在你可以進入大堂，享用下午茶，因為你可是處在上海的正中心呢！走上1樓還有個小型文史館，可以看到國際飯店的歷史喔！

1國際飯店曾經也是遠東第一高樓 **2**1樓有個小文史館，也很精采 **3**國際飯店大堂
（以上照片提供：國際飯店）

遊賞去處

昔日跑馬總會舊址

上海市歷史博物館

`MAP` P.33／A2

11號出口
步行約2分鐘

DATA

✉上海市南京西路325號 ☎(021)2329-9999 🕘09:00～16:00 🈵週一
💲免費參觀

　　許多人都問過我：「在上海，你最喜歡的建築物是哪一棟？」我一定毫不猶豫的告訴你：跑馬總會舊址！

　　這建築充滿著新古典文化的風格，高聳的鐘樓造型更是它的地標性形象，始建於1933年，曾經是跑馬總會會址，現在的人民廣場、人民公園在1949年以前就是跑馬廳。故事最早可以推到1861年，英國人霍格時任跑馬總會董事，要求劃一塊地做為跑馬廳的跑道，於是他策馬狂奔跑了一大圈，這範圍就是現在的人民廣場、人民公園區域。

　　作為上海市歷史博物館，目前1樓是特展廳，2樓是「古代上海」的展出空間，3樓展出的主題是「近代上海」，你會看到上海的歷史發展，配合了大量珍貴的文物資料，內容豐富精采不可錯過，最後還有一個大重點不能忘記：你可以直接登到建築的頂樓陽臺參觀喔！

1這是幫主心目中最美的建築 **2**精采的展出內容吸引遊客的目光

購物血拼 南京路步行街排頭位置

上海世茂廣場

MAP **P.33 / B1**
19號出口
步行約2分鐘

DATA

✉上海市南京東路829號 📞(021)5309-8050 🕐10:00～22:00

在南京東路的起點，一座造型前衛的建築十分搶眼，這是由Kokai Studios事務所首席建築師Andrea Destefanis，以「劇院」為原創概念設計的百貨商城，兼具時尚、前衛、工業風格的室內設計，光是欣賞建築就很棒。

商城內聚集了許多強勢品牌的旗艦店，如：NIKE全球旗艦店、M豆巧克力世界亞洲唯一旗艦店、SEPHORA亞洲首家概念店、樂高亞洲首家城市中心旗艦店、星巴克臻選店等等，是一間內容豐富，必不可錯過的好逛商城。

1 南京路步行街起點就是上海世茂廣場 2 樂高旗艦店展出東方明珠 3 M豆巧克力世界的巧克力長城

購物血拼 建國後第一家國有百貨

第一百貨商業中心

MAP **P.33 / B1**
7號出口
步行約3分鐘

DATA

✉上海市南京東路800-830號 📞(021)6322-3344 🕐10:00～22:00

位在南京路步行街起點位置的第一百貨商業中心是真正的老大哥！1934年由華人建築師關頌聲設計，在1936年開張，當時名稱是「大新公司」，與同在南京路上的新新、先施、永安並稱南京路四大公司。中國建國之後第一百貨遷入，營運至今已經超過80年歷史。

老百貨在上海只能靠特賣與情懷支撐，漸漸面臨淘汰的危機，於是第一百貨在2017年關閉整修，重新開幕之後，70%的櫃位都換新，內部的設計也明亮清新，加上導入了老上海情懷的設計布置，成為相得值得一逛的百貨商城唷！

1 位在南京路起點的老百貨外觀 2 內部有懷舊的造景佈置 3 樓上還有文創書店進駐

之禾ICICLE

DATA

✉上海世茂廣場1樓　☎(021)6361-0069　🕐10:00～22:00

　　之禾集團創立於1997年，堅持「天人合一」的概念，材質、面料與工法上，都取材自天界，如所有的鈕釦材料來自：椰樹殼、牛角扣、果實殼，面料部分，採用羊絨、羊毛、亞麻、真絲、棉，因為貨真價實的肌膚觸感，收穫了非常多忠實顧客，也走向國際，成為世界級的品牌。

　　ICICLE之禾品牌，對台灣人來說相對陌生，，然而它以對自然環保的堅持，在材料與版型設計上的執著，成功的收穫消費者的心，連續多年超佳的銷售成績，甚至收購知名海外品牌走向世界，真的很值得驕傲！如果你有來到上海，在各大百貨商城見到這個品牌的專櫃時，不妨進來看看，實際感受一下它的面料材質，甚至試穿體驗，也許你會被圈粉。

1門店開在世茂廣場最好的位置 **2**展示空間高雅舒適 **3**無縫針織由一根紗線織就整件衣衫

國際飯店西餅屋

DATA

✉上海市黃河路28號　☎(021)6327-5225
💲平均消費￥20

　　這裡有號稱全上海最好吃的「蝴蝶酥」，店面就在國際飯店旁邊的小弄堂內，看起來不起眼的糕點店，卻有著上海人口耳相傳的好點心，

蝴蝶酥的口感很酥脆卻不油膩；另外，還有一種「酒醉蛋糕」，帶著淡淡酒香，推薦你試試！

國際飯店西餅屋有號稱全上海最好吃的蝴蝶酥

老正興

DATA

✉上海市福州路556號　☎(021))6322-2624
💲平均消費￥150

　　這是一家百年老店，自清同治年間就已開業，乃是上海老字號的本幫菜餐廳，完全展現上海菜系「濃油赤醬」的特色。店內的招牌菜為油爆蝦、草頭圈子(紅燒大腸)、紅燒肉，菜色吃起來十分道地，至於前來品嘗的食客們，一般也以年紀稍長的較多，這間餐廳適合推薦給想追憶歷史、品味經典風味的遊客。

特色美食

黃河路30年老店屹立不搖
粵味館

MAP P.33 / A1
9號出口
步行約7分鐘

DATA

✉ 上海市黃河路147號　☎ (021)6327-4504
💲 平均消費￥250

在王家衛的《繁花》中，唯一以原名稱出現的就是這間粵味館，最早1991年開在乍浦路，後來搬到黃河路與眾多知名餐廳分庭抗禮，菜色以粵菜為主、本幫菜為輔。30幾年老店，強調所有菜品都是現炒現賣，整間餐廳一樣預製菜都沒有。

餐廳擁有整棟樓，飯點時間依舊一位難求，就知道它在饕客心中的分量，推薦嘗試「鮑魚紅燒肉」，將本幫菜經典紅燒肉結合了粵菜中的海鮮，迸發出美好的味覺體驗，此外，生煎包、片鴨、清蒸筍殼魚、白斬雞等菜品也都是必點菜，想要一次感受粵菜、本幫菜精華，也追一下《繁花》的劇情，來這裡錯不了！

1鮑魚紅燒肉是本店招牌 2清蒸筍殼魚鮮美細膩 3粵味館擁有整棟空間

｜玩｜家｜筆｜記｜

《繁花》場景拍攝地

王家衛最新作品《繁花》中，所有故事都圍繞著黃河路，這條美食街聞名上海30年，David也推薦一些值得品味的餐廳給遊客。

特色美食

內餡扎實，價格親民
佳家湯包

MAP P.33 / A1
9號出口
步行約6分鐘

DATA

✉ 上海市黃河路127號　☎ 13313645544

佳家湯包好吃到什麼程度？據說林憶蓮、張信哲、王心凌都曾慕名而來，早年一家小小的店面，門口幾張板凳，老闆發著撲克牌當做號碼牌，賣到光就打烊，常常四五點就買不到了！

如今它搬到新址，主打「現點現包、現蒸現吃」，看著蒸籠熱騰騰上桌，整個胃口都被吊了起來！冒著熱氣的湯包一顆顆看起來都好美味。整個品牌重新包裝，同時也開始展店，如果你的行程沒有經過黃河路創始店，其實也可在上海許多百貨公司美食街吃到。

1佳家湯包目前換到新址營運 2熱騰騰的湯包上桌囉

1號線
Line 1

如同香港中環銅鑼灣的購物區

一大會址·黃陂南路站
Site of the First CPC National Congress· South Huangpi Road

漢中路站
Hanzhong Rd.

新閘路站
Xinzha Rd.

人民廣場站
People's Square

一大會址·黃陂南路站
Site of the First CPC National
Congress·South Huangpi Road

陝西南路站
Shaanxi Rd.(S)

常熟路站
Changshu Rd.

衡山路站
Hengshan Rd.

12號線 13號線

←富錦路站
Fujin Rd.

2號線 8號線

14號線

10號線 12號線

7號線

莘庄站→
Xinzhuang

一大會址・黃陂南路站周邊街道圖

上海龍柱

K11購物藝術中心

一大會址・黃陂南路站
Site of the First CPC National
Congress・South Huangpi Road

喜家德蝦仁水餃

Polux by
Paul Pairet

一大會址

新天地

新天地時尚

北

上海昔日的「霞飛路」就是現在的淮海路，而「一大會址・黃陂南路站」無疑是最能體現當年十里洋場風華的地區。這裡有聚集的百貨商城，以及上海旅遊地標之一的「新天地」，使得這個站，成為所有外來遊客的首選觀光塊。

一大會址・黃陂南路站所在的淮海路被規畫為頂級名牌旗艦區，周邊每一個街角都由頂級名牌的旗艦店占據，Cartier、Gucci、D&G、LV、COACH……讓人感覺彷彿來到了香港的尖沙嘴、中環一般，加上太平洋百貨、K11購物藝術中心、香港廣場等等商場坐鎮，凸顯了本站在購物面向上的特色。

David的貼心提醒！

從黃陂南路站前往新天地會比10號線的新天地站更近喔！

41

上海達人 *Shanghai* 3大推薦地

作者最愛

新天地

如果不推薦「新天地」似乎怎麼也說不過去，在老式石庫門建築的基礎上，建立了全新的商業環境，來自台灣的鼎泰豐、李宗盛和阿信合開的有練咖啡也都在此落戶。(見P.43)

觀光客必訪

上海龍柱

在中國，強調不迷信。然而上海這個城市卻有一個充滿傳奇色彩的民間傳說，幾乎所有的出租車師傅(大陸用語，計程車司機)，都能跟你娓娓道來這段故事。(見P.44)

在地內行推薦

K11購物藝術中心

這是我認為上海最有特色的商城，將藝術與購物這兩種元素進行結合，空間的設計與結構跳脫傳統商場的思維，非常值得一逛！(見P.44)

遊賞去處

中國共產黨的誕生地

一大會址

MAP P.41 / C2 2號出口 步行約7分鐘

DATA

✉ 上海市興業路76、78號 ☎ (021)5383-2171
🕐 09:00～17:00 💲 免費

緊貼在新天地的旁邊，你可以順道參觀，這個地點在內地人心中是非常具有歷史意義的，因為它可是中國共產黨的誕生地，是共產黨第一次會議的所在地，同樣具有老式石庫門的外觀，就算你對於政治議題沒有興趣，轉進去看看老建築的內部倒也饒富趣味。

中國共產黨第一開會的地方，收起政治立場進去逛逛吧

遊賞去處

上海新舊融合的代表

新天地

DATA

MAP P.41／C3

2號出口
步行約5分鐘

✉由黃陂南路、自忠路、太倉路、馬當路所包圍的範圍

隨著一車又一車的遊覽車將國內外遊客送到新天地來，新天地所擁有的地位可以想見。新天地在昔日石庫門建築群的基礎上，由香港地產商瑞安集團進行整體規畫後，呈現目前繁華的風貌。受到國內外媒體的大量報導，遊人如織，成為上海的新景點。在上海老房子大致有三種形式：花園洋房、新式里弄房、石庫門房。其中大部分的名人故居都是花園洋房，石庫門則是上海百姓過去居住的主要形式，它的特色是黑色厚重的大門，看上去就像古時候的庫房一樣，因此而得名。

新天地利用了最能代表上海人居住的石庫門形式加上互通的小小巷弄，導入最新潮、最美味、最熱鬧的服飾、餐飲和酒吧等，讓這區成為上海重要的新興地標之一。建議你入夜之後再來造訪新天地，因為夜裡的新天地每一家特色酒吧氣氛正酣，室外坐滿老外，你幾乎無法分辨自己處在上海市中心或是在歐洲的露天廣場，頗具特色的石庫門建築、人聲喧譁酒酣耳熱、精緻的名品商店、多國遊客的語言總匯，交織出了新天地新舊交融和中外薈萃的感覺。

David的貼心提醒！

一路延伸的逛街內容

隨著新天地版塊的擴張，現在新天地由北里、南里、新天地時尚三區連貫，一路逛街可以銜接到13號線的新天地站喔！

1室外彷彿歐洲的露天咖啡座一般 2新天地的店家都設立於老石庫門建築內 3新天地1號，很有特色的建築

遊賞去處

上海龍柱

上海的傳奇故事

MAP P.41／A1
1號出口
步行約15分鐘

DATA

📮 上海市成都北路、延安路口

上海所有高架橋的柱子都是光禿禿的水泥柱，唯獨這一根不同，上面布滿了飛天龍紋！這就是傳說中的「上海龍柱」，它的位置恰好在上海城市交通樞紐的正中心，也就是南北高架與延安高架交會之處。

關於這根龍柱，上海人口中有著神祕的故事：當年在動工的過程中，打樁機無論如何就是打不進去，這對於上海這樣土質鬆軟的城市來說十分異常，許多地質專家都無技可施，於是想到了是否有風水問題？最後請出了上海龍華寺的主持高僧一連做了幾天的法事，打樁機在高人指定的時間開工，結果就真的打進去了，也完成了上海最重要的交通樞紐接通。這位高人說：「這個地方是上海的龍脈，上海的中心、龍頭所在。」因此做了7天法事，讓龍升天。

從此，龍柱的故事便這樣流傳了下來，我們不去探究事情的真偽，但是這個故事卻流傳到上海人的口中，為這個城市增添了幾分神祕的色彩！

購物血拼

K11購物藝術中心

藝術與購物的完美結合

MAP P.41／B1
3號出口
步行約1分鐘

DATA

🌐 www.shanghaik11.com 📮 上海市淮海中路300號 📞 (021)2310-3188

K11藝術購物中心在2013年開幕，是我認為在上海非常有特色的商城之一，突破了傳統購物著重銷售的概念，將藝術導入結合，在賣場內處處有藝術作品的展出，同時B3樓層的K11藝術空間定期舉辦大型藝術展出，藝術氣息濃厚。

在商城的部分，入駐的品牌與餐廳也都是精挑嚴選，地下樓層主打年輕化商品，1、2樓以國際名品為主，3、4樓的餐廳包括：港麗茶餐廳、合點壽司都是我推薦的餐廳，Home Thai則是由主打來自泰國的道地泰式料理。

1 櫥窗設計也特別 **2** K11外部的藝術裝置 **3** K11結合購物與藝術很精采

特色美食

米其林三星主廚的法式咖啡館

POLUX BY PAUL PAIRET

MAP P.41 / C2
2號出口
步行約5分鐘

DATA

✉上海市太倉路181弄5號 ☎(021)6333-9897 ◐10:00～22:00

　　Polux是間法式咖啡館，但他背後可是由米其林三星主廚Paul Pairet操刀！有別於Fine Dinning的正式與嚴肅，Paul Pairet在新天地打造一間適合整天吃喝的食堂；與別處相似，卻獨一無二。你可以隨意享用舒適輕快的早點，全天供應的美食，以及溫馨放鬆的晚餐。

　　不論你是要在早餐時來份法式土司、牛油果土司加蛋，或是午晚餐吃個漢堡、牛排薯條，抑或是來份牛肉塔塔、油封鴨腿、烤羊排，這裡都能滿足你！大廚手藝＋法式小館的環境，放在新天地再適合不過！你會很深刻的感覺到屬於新天地的Life Style。

1招牌菜：真正的法式土司佐香草冰淇淋 2油封鴨腿皮酥肉嫩，推薦必點 3讓你一秒飛到法國咖啡館的環境

特色美食

來自東北的現包水餃

喜家德蝦仁水餃

MAP P.41 / C2
2號出口，直接
連通商城內

DATA

✉新天地廣場B2 ☎18004446065 ⑤10:00～21:00

　　喜家德是來自中國東北大連的水餃品牌，最大的特色就是純手工現包，都知道北方人愛吃餃子，來自東北的水餃當然有其道地的口味，喜家德的水餃不僅僅是現場製作，它的造型也很特別：一字型長條水餃。咬一口剛好半顆，可以看到新鮮的內餡料。

　　水餃的口味有蝦三鮮、喜三鮮、西芹鮮肉、香菇鮮肉等等，通通都是熱騰騰、白呼呼的上桌，令人食指大動！其實這連鎖品牌在很多地方都能看到，而David放在這裡介紹是因為新天地物價頗高，預算型的遊客可以輕鬆以美味的水餃解決一餐。

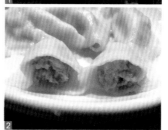

1玻璃櫥窗看得到製作過程 2一字型長條水餃，一口剛好半顆

1號線
Line 1

可以散步的街道特別多

陝西南路站
Shaanxi Rd.(S)

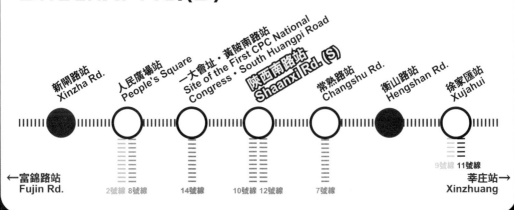

新聞路站
Xinzha Rd.

人民廣場站
People's Square

一大會址・黃陂南路站
Site of the First CPC National
Congress・South Huangpi Road

陝西南路站
Shaanxi Rd.(S)

常熟路站
Changshu Rd.

衡山路站
Hengshan Rd.

徐家匯站
Xujahui

← 富錦路站
Fujin Rd.

2號線 8號線

14號線

10號線 12號線

7號線

9號線 11號線

莘庄站 →
Xinzhuang

陝西南路站周邊街道圖

馬勒別墅

巨鹿路

蘭心餐廳　心樂麵館

進賢路

朵雲書院

淮海中路站
Huaihai Rd.(M)

14號線

延中公園

成都南路

長樂路

淮海中路

雁蕩路

長樂路

瑞金一路

茂名南路

陝西南路

陝西北路

襄陽北路

新樂路

國泰電影院

陝西南路站
Shaanxi Rd.(S)

3

2

4

1

靖里小館

Uniqlo旗艦店

hoF

Niko and...旗艦店

阿娘麵館

古董花園

南昌路

思南路

13號線

10號線

復興公園

孫中山故居

復興中路

思南公館

周公館

襄陽公園

10號線

環貿IAPM商場

珍寶海鮮

10

9

8

6

7

南昌路

汾陽路

襄陽南路

12號線

復興中路

陝西南路

茂名南路

香山路

瑞金二路

SPEAK LOW

思南路

北

延續淮海中路的繁華，與黃陂南路站連成一氣，成為上海最為知名的城市逛街道路，眾多國際品牌都把旗艦店設立於此站，像是Uniqlo、Niko and...、MUJI等，每一間都超級大品項超齊全！此外，本站值得一晃的主題街道也特別多：文青的進賢路、潮牌的長樂路及新樂路、故居漫步的思南路等，都值得你徒步沿途欣賞主題特色喔！

David的貼心提醒！

本站所介紹的散步街道「思南路」，可以選擇從13號線的淮海中路站前往，距離更近唷！

淮海路上的排隊奇景你一定會遇到

上海達人 *Shanghai*
3大推薦地

作者最愛

旗艦店一連串

本站集結了眾多品牌旗艦店，每一間都是全球最大，愛逛街的族群絕對逛到鐵腿！(見P.50)

觀光客必訪

心樂麵館

「一碗澆頭麵，千軍萬馬來相見」，來到上海總要吃上一碗美味的麵食，推薦老店變身網紅店的麵館。(見P.53)

在地內行推薦

思南路

思南路是上海值得散步的馬路之一，一路上洋房故居不斷，還有特色的咖啡店下午茶，適合來走走！(見P.55)

遊賞去處

上海浪漫的童話城堡
馬勒別墅

MAP P.47／A1
2號出口
步行約20分鐘

DATA

✉上海市陝西南路30號 ☎(021)6247-8881

如果上海這個城市有一棟建築，會讓你猛然一看就覺得彷彿進入童話世界般，那肯定就是「馬勒別墅」，當年是猶太人馬勒以他女兒夢到的城堡造型，來設計出這個北歐式風情的建築。

老牌影院新穎設施

逛賞去處

國泰電影院

MAP P.47／B2
3號出口
步行約1分鐘

DATA

✉上海市淮海中路870號(茂名南路口) ☎(021)5404-0415

如同老上海的地標般矗立在淮海路上，1932年建成的老建築，伴隨著今昔兩代的上海人度過許多時光，更曾經是張愛玲喜愛看電影的地方，外觀依然懷舊，內部卻已經完全更新改造，舒適的座椅、首輪院線片、先進的音響設備，老國泰電影院隨著時代的腳步，與淮海路的演變同步前進。

彷彿進入時光隧道

逛賞去處

孫中山故居

MAP P.47／D2
1號出口
步行約15分鐘

DATA

✉上海市香山路7號 ☎(021)5306-3361 ⏱09:00～16:30
💲￥20

1917年孫中山辭去臨時大總統職務，並在廣州成立護法軍政府，準備誓師北伐，隔年受部分軍系脅迫再度辭職，與夫人宋慶齡回到上海，4名華僑共同出資購下此宅贈予孫先生，他與夫人在此居住了5年，也是他在上海期間居住時間最長的地方。

紀念館占地2千多平方公尺，設有孫中山故居與孫中山文物館，文物館展出珍貴文物300多件，包括了孫中山「原音重現」的演講、軍裝、書信墨寶等。孫中山故居是由昔日的廚房進入，兩層樓的洋房，展示了當年其與宋慶齡共同居住的環境與設施，同時，《孫文學說》、《實業計劃》都是完成於此。

全新開幕的頂級百貨公司
環貿IAPM商場

MAP P.47 / B3
1、6號出口
步行約2分鐘

DATA

✉上海市淮海中路999號 ☎(021)3326-6700 🕐10:00～23:00

　　淮海路上最新的商城,一口氣吸引了238家國際知名品牌進駐,包括了PRADA、GUCCI、MIUMIU等等大牌紛紛搶占門面,其中也包括了不少首度進軍中國的世界級名牌,主打營運時間更長:23點結束(部分餐廳營業到凌晨),將創造上海攤新一波頂級購物的風潮。當然,連帶著周邊的傳統百貨也積極調整應戰,淮海路上的購物樂趣從此處展開!其中這裡也有來自法國,深受歐洲貴婦與明星喜愛的羽絨服品牌Moncler,如果想買一件好的羽絨服回台灣禦寒,可以來這裡購買。

1點燃本站百貨新戰火的IAPM商場 2內部空間,品牌店齊聚

全世界最大旗艦店
Uniqlo旗艦店

MAP P.47 / B2
4號出口
步行約1分鐘

DATA

✉上海市淮海中路887號 ☎(021)5492-3232 🕐10:00～21:00

　　來自日本的休閒服飾品牌Uniqlo,提倡快速時尚、簡約自然、輕易百搭,快速地在全世界受到歡迎,還記得它開到台灣時也引發台灣熱潮,而在上海,Uniqlo更是在淮海中路上建立了「全世界最大」的旗艦店,來到這裡絕對可以找到所有想要的款式喔!

旗艦店連服裝展示都像是兵馬俑耶(圖片提供/黃敏)

日本時尚品牌全球旗艦店
Niko and...旗艦店

MAP P.47 / C2
4號出口
步行約5分鐘

DATA

✉上海市淮海中路775號 ☎(021)5285-7778 🕐11:00～21:00

　　日本時尚潮流品牌Niko and...全球旗艦店就選址在上海,占據整棟空間,不但商品齊全,還導入了咖啡、餐廳,成為獨一無二的旗艦店鋪,樓上還有空橋連結馬路對面的MUJI旗艦店,讓你逛到荷包失血。

Niko and...上海旗艦店時時推出新主題

藝術氣息滿點的文化領地

朵雲書院(戲劇店)

MAP P.47 / B1
淮海中路站3號出口
步行約5分鐘

DATA

✉上海市黃浦區長樂路398號 ☎13661758804 ⏰11:00～21:00

朵雲書院就在蘭心大戲院旁邊,集合了閱讀購書、文創產品、藝術沙龍、休閒餐飲等功能,整個空間設計上有著藝術的氣息,光是迴旋樓梯就很網美,加上佈置了畫作、藝術品、攝影作品等,讓書店的氣質更上一層樓。

除了書,還有許多文創商品陳列,樓上空間不定期有藝術沙龍活動,加上還有隱藏的小食堂,不論是躲在這裡喝杯咖啡,或是逛累了吃點義大利麵、披薩等,都是很棒的選擇,其實你會發現中國的書店水準近年突發猛進,完全不輸台灣誠品。

1 非常有氣質的空間設計 2 朵雲小食堂提供咖啡小食 3 佔地廣大藏書豐富

上海最出名的小麵店

阿娘麵館

MAP P.47 / C2
4號出口
步行約12分鐘

DATA

✉上海市思南路36號 ⏰09:00～19:00 💲平均消費¥35

阿娘麵館店面小小的,環境也稱不上高雅,但是一到用餐時間,排隊的人潮必定擠爆,這是上海最出名的麵店之一,這家小店也獲得了米其林必比登名單推薦!黃魚麵、蟹粉麵、蝦腰麵都是所有上海人都知道的招牌好麵,想嘗試看看上海最出名的小麵店嗎?來排隊吧!

1 阿娘麵館店面小小的 2 招牌黃魚麵

特色美食

隱藏於鬧市的花園小洋房餐館

Jing Alley靖里小館

DATA

MAP P.47／B2
4號出口
步行約3分鐘

✉上海市茂名南路133弄22號 ☎17301698867 🕙11:30～22:00

　　這是一間躲在法式歐洲風情花園洋房內的餐廳，如果沒有介紹你根本找不到入口！轉離繁華的淮海中路，鑽進茂名南路133弄，會發現有間精品酒店，沒錯靖里小館就在這裡！環境上是花園洋房的形式，露天的座位讓你有置身歐洲的感覺，真的是鬧中取靜的隱藏世外桃源啊！

　　室內空間的佈置也同樣有著歐式風情，在這樣的環境用餐很有情調，這是一間無國界料理，可以吃得到不國地區的美食，從義大利麵、三明治、沙拉、肋排到海南雞飯、越南河粉這裡通通有！推薦大家享用午市套餐最划算，可以用合理價格享有前菜、主菜、飲料的組合。

1露天的座位讓你有置身歐洲的感覺 2伊比利亞黑豬肋排 3英式炒蛋三明治配牛油果醬和虎蝦仁

特色美食

新加坡國寶級蟹料理

珍寶海鮮

DATA

MAP P.47／A3
9號出口
上樓即達

✉上海市淮海中路999號環貿IAPM廣場L5-502
☎(021)6466-3435 💲平均消費￥380

　　「珍寶海鮮」可以說是新加坡蟹料理的代名詞，就連旅遊局的官方宣傳都推薦遊客必試！現在你在上海就能品嘗到囉！1987年成立於新加坡的經典老店，進口的青蟹、珍寶蟹，配合珍寶廚房的祕制醬汁調理，將海鮮的味覺體驗帶到另一個層次，強烈推薦要來品嘗看看。除了海鮮，如果你想嘗試新加坡的道地小吃，這裡也有，如：海南雞飯、叻沙等。

特色美食

進賢路上的美味澆頭麵

心樂麵館

MAP P.47／B1

淮海中路站3號出口
步行約5分鐘

DATA

📧上海市進賢路120號 📞(021)6216-6623 🕐10:30～20:30

上海人愛吃「澆頭麵」，所謂的澆頭麵呢，是要拆開為「澆頭」跟「麵」兩者，除了麵體要勁道之外，關鍵是澆頭要好吃！澆頭就是在飯麵上淋上的醬汁菜餚，澆頭製作的好壞直接影響了一碗麵是否好吃。

心樂麵館前身叫心樂湯麵館，第一家店開在武昌路，是一間近40年的老店，店裡還高掛著「海上第一腸」的招牌，後來開到進賢路一夕爆紅成了網紅店，論其關鍵就是：乾淨的門面、現炒現製的澆頭、合理的價位。

三大頭牌是：大腸麵、腰花麵、豬肝麵，將豬的內臟精華烹調到位，油而不膩且新鮮美味，優先推薦品嘗，此外，這裡還有特別的小龍蝦拌麵，是比較少見的澆頭類型，也可以試試。

1樂麵館可說是從進賢路開始紅的
2大腸麵絕對是頭號招牌
3小龍蝦拌麵很新鮮且新奇

David推薦珍寶辣椒蟹、麥片蝦和荔蓉帶子，都是珍寶的招牌菜。如果你預算有限，或是剛好兩人同行，則建議你利用中午時段來，有優惠的雙人套餐(最低雙人￥268)，是相對划算、高CP值的吃法。

1國寶級的珍寶辣椒蟹是必試的招牌菜
2荔蓉帶子是芋頭與干貝的組合
(以上照片提供：珍寶海鮮)

特色美食

非常上海的道地風味

蘭心餐廳

MAP P.47 / B1

3號出口
步行約5分鐘

DATA

✉上海市進賢路130號(近茂名南路口) ☎(021)6253-3554
💲平均消費￥90

　　一家外觀毫不起眼的餐廳，真的到了店門口，你可能會懷疑我為什麼要推薦這家店？事實上，每到用餐時間，門口板凳就坐滿了排隊人群，很多人還特別開車前來，造成進賢路這條小路上就只有這家餐廳門口停滿了車。而探究其知名的原因就是：連上海朋友都說「非常上海」。

　　蘭心餐廳藏在民居之中，座位不多，2、3樓的位置根本就是老闆的家，有床有櫥，擺上一張桌子就開始招呼客人了，也好，你會有一種到上海人家裡作客的感覺。對了，由於客人很多，不接受訂位，乖乖地去排隊吧！招牌推薦菜：紅燒肉、干燒鯧魚、油爆蝦、醬鴨。另外告訴你，如果真的不想大排長龍的話，隔壁的「茂隆餐廳」水準也不差。

油爆蝦

休閒娛樂

連入口都找不到的隱藏酒吧

SPEAK LOW

MAP P.47 / C3

淮海中路站1號出口
步行約6分鐘

DATA

✉上海市復興中路579號 ☎(021)6416-0133 🕐18:00～01:30

　　Speak Low是亞洲最佳酒吧的常勝軍，如果是有在跑酒吧場的人，都不該錯過朝聖的機會，來自紐約的日本調酒師Shingo Gokan是幕後老闆，他也是Tales of the Cocktail雞尾酒精神大獎「年度調酒師」。

　　Speak Low是一間「隱藏式酒吧」，不是熟門熟路的人，連入口都找不到！地址是間普通的商店，進去到角落的書櫃一推，竟是個隱藏門！這裡有秘道可以上樓，小小的上海老式房子木製樓梯，帶你來到二樓的酒吧區，一進去整個嚇傻，滿滿的都是人！不要說是位置了，站著都有難度，大家都是厲害的酒友啊，最佳酒吧的特調水準無庸置疑，有興趣你也來感受上海最威的隱藏酒吧，圖個微醺感受。

1酒吧入口躲在這個書櫃後面 2小小空間竟擠滿了酒客 3各種調酒都極有水準

思南路悠閒漫步

融合中西風情的洋房

思南公館

遊賞去處 DATA

MAP P.47 / D3
淮海中路站1號出口
步行約8分鐘

📧 上海市思南路55號

思南公館由51幢花園洋房所組成，最早始於1920年，當年聚集了眾多上層名流與藝術家居住，建築風格兼具中西風情。如今改造部分區塊，開闢了商業區，頗有與新天地爭高低的味道。這裡以特色餐廳、酒吧、下午茶店家為主，可在午後漫步思南路晃進來感受一下花園洋房建築之美。

西班牙式老洋房官邸

周公館

遊賞去處 DATA

MAP P.47 / D3
淮海中路站3號出口
步行約10分鐘

📧 上海市思南路73號 ☎ (021)6473-0420 💲 免費參觀

周公館是周恩來故居，一棟三層西班牙式花園洋房。1946年共產黨租下此處欲作為中共辦事處，但是國民黨當局不同意，於是共產黨就改稱周公館來規避，周恩來曾在此接見過美國特使馬歇爾將軍。周公館相當僻靜，入門後小花園綠草茵茵，參觀室內格局可感受當年花園洋房的結構，內部目前複製了當年的家具陳設。

獨特情調的咖啡店

古董花園

特色美食 DATA

MAP P.47 / C2
淮海中路站1號出口
步行約5分鐘

📧 上海市思南路44號甲 ☎ (021)5382-1055
🕐 10:00～21:00

思南路上有一間上海十大風情咖啡店之一的「古董花園」，顧名思義這裡面是以許多的老骨董來布置，非常有情調，總是吸引了上海小姑娘在下午時分來此談天說地，喝咖啡聊是非，在思南路這滿滿老洋房美景的街道上享用下午茶真是愜意極了。

1號線
Line 1

色戒取景地，法租界風情濃郁

常熟路站
Changshu Rd.

人民廣場站
People's Square

一大會址・黃陂南路站
Site of the First CPC National
Congress・South Huangpi Road

陝西南路站
Shaanxi Rd. (S)

常熟路站
Changshu Rd.

衡山路站
Hengshan Rd.

徐家匯站
Xujiahui

上海體育館站
Shanghai
Indoor Stadium

2號線 8號線

←富錦路站
Fujin Rd.

14號線

10號線 12號線

7號線

9號線 11號線

4號線

莘庄站→
Xinzhuang

常熟路站周邊街道圖

多抓魚循環商店

安福路

Brandy Melville

Mi Thai

五原路

號線

常熟路

延慶路

華亭路

淮海中路

常熟路站
Changshu Rd.

8

6

1

3

2

7

4

汾陽路

永福路

烏魯木齊中路

復興西路

寶慶路

淮海中路

復興中路

黑石公寓

月球咖啡
roof

克萊門公寓

公董局總董官邸

永康路

北

淮海中路

桃江路

號線

一尺花園

桃江路

東平路

汾陽路

La Creperie

太原路

宋子文故居

東平路

SASHA'S

蔣介石愛廬

永嘉路

常熟路站往往被許多旅遊書籍所忽略，事實上其所在的區域恰恰是許多知名故居所在之地，同時常熟路站也是最洋溢著法租界時期氛圍的地方，如果你喜歡看看老洋房，這裡會讓人擁有許多的驚喜！而桃江路上的一排老房子連李安導演的電影《色戒》都來此取景，還有戀愛街之稱的東平路、宋家與蔣家的故居，在我的帶領下這一站的特色將完全呈現！

本站往南是老洋房聚集區，往北則可去文青街道：安福路，由於方向不同，腿力不夠的話可以分為兩天遊歷，或將安福路安排與武康路(P.161)同一天。

David的貼心提醒！

本站的故居老洋房特別多，對老建築有愛好者不可錯過！

上海達人 *Shanghai*
3大推薦地

漫步安福路

人稱「上海小天母」，是老外最愛的一條小馬路，各國特色餐廳、小店特別多，也是梧桐樹下漫步的美好街道。(見P.63)

桃江路、東平路

用「梧桐、香樟、老洋房；租界、故居、戀愛街」來形容這兩條短短的小馬路再適合不過了！(見P.59)

月球咖啡roof

一間隱藏於民宅中的咖啡店，沒有門面招牌，小木梯走上去別有洞天。(見P.61)

MOON COFFEE ROASTERS! 月味

遊賞去處

蔣公位在上海的愛巢
蔣介石愛廬

MAP P.57／C3
4號出口
步行約10分鐘

DATA

✉ 上海市東平路9號

1927年蔣介石與宋美齡結婚，宋子文以此別墅作為賀禮，在此之前，蔣介石與宋美齡在上海的居所都是臨時的。由於是新婚居所，蔣介石曾親筆書寫「愛廬」二字，刻於別墅前的假山上；除了這棟愛廬，蔣介石尚有稱為「美廬」的廬山牯嶺別墅，以及名為「澄廬」的杭州西湖別墅。

東平路因為愛廬的存在加上周邊其他老洋房，景致舒適宜人，被上海人稱為戀愛街，而愛廬本身保

存完好，是一棟3層樓的磚木結構法式建築，建於30年代初期，目前「愛廬」屬上海音樂附中所有。

電影《色戒》取景地

遊賞去處

桃江路、東平路

MAP P.57／C3

4號出口
步行約8分鐘

這兩條相鄰的短短馬路，集結了許多上海租界特色。桃江路以衡山路為界分為東西兩段，往東方向是一排的老洋房，眼尖的人或許會發現這一排老洋房曾經出現在李安導演的《色戒》影片中，正因為這些老洋房的型態與感覺極佳，常常會有人特別來到這裡拍照。

往西方向的桃江路，則鋪設了租界時代上海最有代表性的「彈格路」，直接通往美國領事館。東平路同樣被衡山路一分為二，東半邊被上海人稱為「戀愛街」，短短不足100公尺，卻充滿了特殊情趣，路口鮮紅色的建築物曾經是宋子文的家。

再往前走，上海音樂學院附中圍牆內的建築更是知名，由宋子文送給宋美齡與蔣介石結婚的禮物——愛廬，或許正是因為愛廬坐落於此，才使得東平路因此被稱為戀愛街吧！

衡山路口有座小洋樓，當年為了不破壞一株香樟樹，設計時刻意圍繞它興建，早年叫做「香樟花園」是衡山路的地標，目前則是知名的「一尺花園」咖啡餐廳，環境超棒也可以入內用餐或下午茶喔！

■1 曾在《色戒》中入鏡的老洋房群 ■2 香樟花園目前是知名咖啡店 ■3 桃江路的老房子，我曾經住在此喔

遊賞去處

氣勢宏偉的巴洛克氏宅邸

黑石公寓

 MAP P.57／C2
4號出口
步行約10分鐘

DATA

✉ 上海市復興中路1331號

被稱為復興中路的標誌建築，氣勢宏偉的巴洛克風格建築，建於1924年，因其牆體石材帶有黑色素而得名，二戰後聯合國善後救濟總署曾用此樓辦公，目前經過整理，設立「黑石M+音樂街區」，你可以看到書店、黑膠唱片專賣店等音樂相關主題的內容。

1 暗色系的黑石公寓氣場很強 **2** 後面有音樂廣場可以走走
3 有黑膠唱片專賣店

 遊賞去處

租界時代的酒店式公寓

克萊門公寓

 MAP P.57／C2
4號出口
步行約8分鐘

DATA

✉ 上海市復興中路1365號

1929年由比利時商人克萊門所建，清水紅磚的設計，由5棟相同的法式建築組成，格局有點四合院的味道，保存得比較完善，據了解，許多的內部空間現在都被改造更新，吸引不少老外租客。其實，當年克萊門公寓可說就是最早的「酒店式公寓」，住的都是洋行裡工作的外國人，電影《色戒》也在此大量取景。

有上海小白宮之稱

公董局總董官邸

逛賞去處

MAP P.57／D2
4號出口
步行約20分鐘

DATA

✉上海市汾陽路79號 🕘09:00～11:00，13:00～16:00 💲￥8

　　公董局總董官邸也有「上海小白宮」之稱，這個小白宮是因為造型相像美國的白宮而得名，所謂的公董局「總董」當年指的是法租界的最高權力者，法國人在1905年建成此官邸。

　　目前這裡已成為「上海工藝美術博物館」，上海本地人前來參觀的並不多，從外面經過並不會知道裡面藏了一座如此大器的建築，它的建築一方面可以看出當年法租界時期法國人的權力象徵，另一方面也有著法國民族的浪漫感。

　　目前的工藝美術博物館，1樓是販售各類工藝品，2樓展出玉雕、竹刻、漆器等，3樓有刺繡、編織、絨繡，非常有意思的是，現場都有工藝製作的師傅，表演刺繡或雕刻。這座極具歷史意義的豪華官邸，現在是屬於這群工藝設計師的創作天地。

1內部展出工藝精品 **2**象牙細雕，工法令人讚歎 **3**氣勢恢弘的上海小白宮

躲在民宅內的手沖咖啡

月球咖啡roof

特色美食

MAP P.57／D2
4號出口
步行約12分鐘

DATA

✉上海市汾陽路64弄1號2樓 ☎19901608482 🕘10:00～20:00

　　沒有David介紹，估計你經過幾回也不知道這裡藏了間咖啡店，門口僅有門牌，連個招牌都沒有。說起來場地並不大，但是很溫馨，有回家的感覺，許多錯層空間及樓頂露台。皮質沙發與安靜的小角落，配上一杯香淳的咖啡，這就是上海午後該有的光景。

　　在上海咖啡圈，提到「月球」算是頗有名氣的，好幾位咖啡師都是這裡出來的，許多人就會衝著他們家的豆子與功夫跑來，經過的話不妨試試。

1老民宅的環境卻挺文青 **2**招牌的月球咖啡推薦必點

 特色美食

上海10大美味甜品之一

MAP P.57／C3
4號出口
步行約8分鐘

La Crêperie

DATA

✉上海市桃江路1號　☎(021)5465-9055　💲￥185

　　這是上海最出名提供法式Crêpes的餐廳，就是台灣人說的可麗餅啦，它是法國隨處可見的街頭小吃，也是最能代表法國的美食小品之一。其實La Crêperie在香港的皇后大道東也有分店，同樣很受到香港顧客的喜愛，服務人員都是法國人，這也宣示了他們純正的血統吧。他們推出的Le Defi被雜誌選為上海10個最美味的甜品之一，如此殊榮豈能不嘗嘗？

1轉角處這個燈塔是他們的招牌 **2**La Jamaican是火焰版可麗餅

 購物血拼

懷舊工業風網紅店

MAP P.57／A1
8號出口
步行約10分鐘

多抓魚循環商店

DATA

✉上海市安福路300號　☎(021)5465-3266　🕙10:00～22:00

　　「多抓魚」是完全沒有生產商品的一間店，名字源於法語的「Déjà Vu」，意思為「似曾相識」，主打商品的循環利用，你即將看到的所有物品都是二手流通，有著環保與好東西再次流通的理念。

　　入口本身像山洞就不說了，連通道也有著70年代老公寓那種即視感，2樓的書店，完全顛覆了對於書局高聳書架的印象，以一種菜場貨架的形式來置放圖書，想想來到浩瀚書海不也如同來到菜市場選菜嗎？再往上一層是二手衣物的流通處，整體感覺帶有一點工業風，但卻又不乏潮流品牌店的布置。綠皮吊燈、老上海的鐵窗，空間的營造與主題設定都迎合了文藝青年的範，同樣是做二手商品流通，注入想法之後，也可以非常潮！

1入口像是山洞般帶領顧客進入 **2**書架如同市場挑菜別出心裁 **3**如果不說你很難相信這些都是二手衣物

漫步安福路

安福路短短的，卻有「上海小天母」之稱，各國美食餐廳與特色小店，吸引了旅居上海的老外聚集。

購物血拼

瘦瘦的少女請進來

Brandy Melville

MAP P.57 / A1

8號出口
步行約9分鐘

DATA

✉上海市安福路308號2樓　🕐11:00～21:00

走在安福路上，你會發現所有女生都往這店裡跑，這是義大利品牌Brandy Melville，這品牌很奇葩，成立至今已近40年，所有的衣服單一尺碼：S碼。也就是它只服務瘦子，不論是吊帶服、牛仔褲、迷你裙、T-Shirt通通只有小碼，但這樣的市場卻依舊有眾多愛好者，彷彿穿上它們家的服飾，就認證了身材夠好。

雖然是義大利品牌，但整體的設計風格上，更偏向美系校園休閒風，主要消費族群也是年輕少女，「BM風」已儼然成為年輕人之間的流行風向，同為身材苗條的妳，也來這裡挑選服裝吧！

1安福路上眾多妹子集結這間店 2品項眾多非常好逛

特色美食

米其林加持的泰式料理

Mi Thai

MAP P.57 / A1

8號出口
步行約9分鐘

DATA

✉上海市安福路195號2樓　📞(021)5403-9209　💲平均消費¥180

米其林必比登名單推薦了這家餐廳，這是一家主打泰國料理的餐廳。來自泰國、擁有20年料理經驗的Vanpen Chayoo主理，將泰式美味的精華送到上海灘頭，不但征服了饕客，更獲得米其林評委的肯定。

環境上有別於傳統泰國餐廳，這裡沒有一大堆泰國元素(佛像、圖騰等)，反而用一種極簡卻充滿特色的簡單布置，來凸顯東南亞風情，這是來自丹麥的建築師Peter Eland所設計。招牌的東陰功、蝦餅、黃咖哩海鮮等，都是最受饕客喜愛的菜品。

David的貼心提醒！

Mi Thai中午有套餐，只要¥108。此外，同一棟建築內的餐廳都屬同一集團，3樓的Mr. Willis有美味烤雞、1樓的La Strada以Pizza聞名。

1泰式青木瓜絲是泰國料理必備 2香炸魚餅配甜辣沙司

1號線
Line 1

因徐光啟而命名的區域

徐家匯站
Xujahui

陝西南路站
Shaanxi Rd. (S)

常熟路站
Changshu Rd.

衡山路站
Hengshan Rd.

徐家匯站
Xujahui

上海體育館站
Shanghai
Indoor Stadium

漕寶路站
Caobao Rd.

上海南站
Shanghai South
Railway Station

10號線 12號線

←富錦路站
Fujin Rd.

7號線

9號線 11號線

4號線

3號線

幸庄站→
Xinzhuang

小紅樓

徐家匯公園

衡山坊

華山路

徐家匯站
Xujahui

匯金百貨

港匯廣場

美羅城

合點壽司

振鼎雞

徐家匯藏書樓

上海老站

桂滿隴
杭州小館

徐家匯天主堂

徐家匯書院

德林酸菜魚火鍋

南丹東路

南丹路

北

徐家匯是上海另一個百貨聚集中心，百貨商場林立。由於其市中心的地理位置，再加上同時擁有各種等級的百貨、電腦與電器產品專賣店、電影院、KTV和餐廳聚集，使得徐家匯成為年輕人逛街的首要選擇。其地標建築球狀造型的「美羅城」，乃是朋友相約聚會的指定地點，當然，也不能忘了這一站的另一個地標建築「天主堂」，這兒可是偶像劇與婚紗拍攝的取景勝地呢！

至於「徐家匯」這個地名的由來：明代文淵閣大學士徐光啟，在這一帶建立莊園與其實驗研究的基地，逝世後葬在此處，其後人在此繁衍生息，漸漸形成市集，所以有「徐家後人匯聚」之意。

上海達人 *Shanghai*
3大推薦地

作者最愛
徐家匯書院

座落於天主堂旁邊，上海最新的圖書館，不僅是藏書豐富，整個建築物內外設計都是世界級水準，堪稱上海最美圖書館之一！(見P.67)

觀光客必訪
徐家匯天主堂

越來越多的偶像劇取景於此，天主堂以其歷史的痕跡加上華麗高雅的建築，在在吸引著遊人們的目光，這裡同樣是拍照取景的最佳地點，準備好你的相機吧！(見P.67)

在地內行推薦
上海老站

道地的上海菜系加上慈禧專列火車，營造出特殊的用餐氣氛，值得試試！(見P.71)

遊賞去處
偶像劇熱門取景地
徐家匯公園

MAP P.65／C1
14號出口
步行約2分鐘

徐家匯公園北起衡山路、南至肇嘉浜路、西臨天平路、東近宛平路，占地7.27萬平方公尺。公園內除了大量的綠化吸引遊客之外，最出名的應該是小紅樓與景觀橋了，景觀橋以天橋形式穿梭公園內部，有居高臨下的視覺效果，同時，也是偶像劇的取景地點之一。

1 原來是大中華橡膠場的老煙囱，也成了景觀之一
2 漫步在景觀天橋上，可以盡覽公園美景

遊賞去處

新人拍婚紗必取景的教堂

徐家匯天主堂

DATA

📍 上海市蒲西路158號

MAP P.65／B3
3號出口
步行約1分鐘

始建於光緒31年，宣統2年落成，百年歷史的建築，以其莊嚴的造型與神聖的氛圍，吸引著所有人的目光，就連偶像劇《命中注定我愛你》、史蒂芬史匹柏的《太陽帝國》等都在此取景過。

這是中國第一座按照西方建築風格來建造的教堂，哥德式的外觀，高5層樓，清水紅磚堆砌，高聳的雙塔，都顯示出其「遠東第一大教堂」的莊嚴氣勢。教堂前的大花園總是吸引遊客與新婚佳偶取景拍照。目前教堂內也開放參觀，除了外觀吸引人，其內部也是極其莊嚴豪華，純白色系的大廳，虔誠的教徒齊聚，心靈彷彿瞬間沉澱了下來。

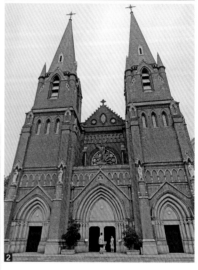

1 莊嚴肅穆的教堂內部空間 **2** 雙塔造型高聳莊嚴

遊賞去處

圖書館也可以是網美打卡地點

徐家匯書院

DATA

📍 上海市漕溪北路158號 📞 (021)6427-1320 🕐 09:00～17:00
🚫 週一

MAP P.65／B4
3號出口
出站即達

徐家匯書院就在地標級天主堂旁邊，由大衛奇普菲爾德(David Chipperfield)建築事務所設計，外立面用上了混合石材骨料的預製混凝土，烘托了徐家匯天主堂的紅色磚牆，超有設計感，已經成為新的網美打卡地點！

有機會你也可以來比較看看設計、閱讀風氣、空間規劃、藏書內容、市民參與，多看多比較，教學才能相長。

1 外立面是大師的獨特設計 **2** 內部空間與藏書都很豐富精采

上海地鐵：1號線

人民廣場站 ↓ 一大會址・黃陂南路站 ↓ 陝西南路站 ↓ 常熟路站 ↓ 徐家匯站

遊賞去處

中國第一座錄音室

小紅樓

MAP P.65 / D1

14號出口
步行約10分鐘

DATA

✉上海市徐匯區衡山路811號(徐家匯公園內) ☎(021)6431-9811

　　小紅樓過去是中國第一家唱片公司。這麼說也許更能吸引你，《夜來香》、《玫瑰玫瑰我愛你》，這些耳熟能詳的老歌當年都是誕生於此，中國唱片產業的起始點就是這一座小小紅樓，3層樓的法式洋房在百代公司的經營下，為中國的音樂事業開創了先鋒，要知道如周璇、白光、姚莉等等一代明星都曾在此留下藝術的痕跡，甚至連中國的國歌也都是在此誕生的！

1 2 小紅樓內部保留了當年的布置風格

購物血拼

內部寬敞，空間大器

港匯廣場

MAP P.65 / B2

12號出口
步行約1分鐘

DATA

✉上海市徐匯區虹橋路1號 ☎(021)3326-8788

　　港匯廣場內部寬敞明亮，入駐的品牌也很響亮，例如Hugo Boss、agnès b、DKNY、Diesel、COACH、Swarovski、Armani Exchange、Calvin Klein、MNG等等紛紛在此設點，相較於其他周邊百貨，港匯的空間安排較為大器，逛起來相當舒服。

遊賞去處

老里弄新文創
衡山坊

MAP P.65／C1
13號出口
步行約5分鐘

DATA

✉上海市衡山路900號天平路口 ☎(021)5465-1018
🕙10:00～22:00

　　在天平路與衡山路交會的角落，近年成為上海小資族最愛，聚集許多創意文青元素，結合藝術畫廊、時尚精品、美食餐廳、咖啡書香，一定要來看看。

　　整個區塊由11幢洋房與兩排上海里弄所組成，是上海近代海派民居的典型樣式，目前棟各獨棟洋樓分別命名為 The Red Couture(女裝成衣概念店)、Dr. White(雜誌博物館)、Mr. Blue(男士品牌集合店) 和 My Black Attitude(YMOYNOT家居用品集合店)，各自呈現不同的主題，各商店文青氣息濃郁，可以感受上海這座城市的創造力。如果想要品味美食，這裡則有許多異國料理餐廳，更厲害的是「Electra」這個全球最頂級自行車品牌，也把世界最大門市設在此處，這可是連俄羅斯總統普京、全球明星都最愛的自行車品牌啊！這個小小的街角匯聚了眾多小資生活元素，你一定要來感受看看！

1位在天平路、衡山路口的衡山坊 2衡山和集是文創書店 34隨處都是創意元素的呈現

購物血拼

引人注目的巨型球狀
美羅城

MAP P.65／C3
10號出口
步行約1分鐘

DATA

✉上海市徐匯區肇家浜路1111號 ☎(021)6426-8888

　　美羅城以其獨特的「球體」造型，加上繽紛絢麗的投影內容，絕對是徐家匯地標級的存在！就算周邊的百貨公司越來越多，它依舊隨著時間進化不被淘汰，來看看它目前的特色內容：1樓有日本以外地一家的少年Jump商店，日本動漫迷不可錯過，模型公仔海報等周邊，這裡都有！2樓則有LINE FRIENDS這個可愛的LINE家族周邊商品店，同時還有來自日本的Loft新型態生活雜貨專門店，加上樓下的美食街、樓上的劇場，形成了豐富多元的內容，來到這裡各種族群都能找到喜愛的內容！

1巨型球體是美羅城的標誌 2少年JUMP海外首店設立於此

特色美食

日本知名旋轉壽司

合點壽司

MAP P.65／C3

10號出口
出站即達

DATA

✉ 美羅城B1-38　☎ (021)6418-5087　🕙 10:30～21:30

　　來自日本的超人氣壽司，近年剛登入台灣，常常一位難求，其實它在上海已經非常久了，也是我旅居上海期間最常光顧的壽司店，形式上比較特殊的是廚師料理區是開放空間，顧客可以看到製作過程，現場製作的手藝加上新鮮的食材、合理的價位，在高物價的魔都上海，可以划算享用生魚片與壽司，逛美羅城的同時不妨來這裡享用。

1開放式的料理空間 23新鮮的生魚片製作壽司，口感無敵

特色美食

桃花山莊內享用經典名菜

桂滿隴・杭州小館

MAP P.65／D3

10號出口
步行約6分鐘

DATA

✉ 上海市天鑰橋路131號(永新坊)地下一層16室　☎ 18616276095

　　這家餐廳必須排隊排到死才能吃得到，因為它的環境超優、菜色超美味、價格超合理！所以當地民眾趨之若鶩，每到用餐時間，門口就是爆滿的等位人潮，唯一的戰術就是：提早去！等到熱門時段才去排隊，就要等到天荒地老了。

　　料理分為杭州名菜、非物質文化遺產、食必求真、百年老滷等類型，杭幫菜色這裡都會出現，像是杭州名菜東坡肉、招牌杭椒牛蛙、松鼠桂魚、雞爪、紅糖麻　等等，都是很受歡迎的菜肴，吃過你就會理解為何這間連鎖餐廳能創下每天翻桌七回，動輒排隊4小時的神奇記錄！

1清新明亮的環境 2小火煨炖的東坡肉是鎮店招牌 3橙色滿園結合了水果香橙與紅心柚

特色美食

在地人才知道的好味道 　MAP P.65／D4　2號出口 步行約7分鐘
德林酸菜魚火鍋

DATA

✉ 上海市南丹東路157號　☎ (021)6438-2885　💲 平均消費￥70

　　這家店在當地非常地出名，雖然躲在巷內，但是排隊人潮永遠滿滿，如果冬天來此，拿個號碼牌，起碼要等1個小時以上，足見它多受歡迎！受歡迎的原因就是他們家的魚片，做得實在美味，一鍋端上來滿滿浮在湯面，再吃一口試試，肉質鮮嫩甜美，真的是無敵火鍋的代表，而價格卻非常親民，如果遇到天冷來上一鍋，絕對滿意得不得了！

1 滿滿一鍋的鮮美魚片，美味異常 **2** 鮮甜魚肉佐以酸菜、枸杞提味

特色美食

最划算也最美味的白斬雞 　MAP P.65／D3　10號出口 步行約7分鐘
振鼎雞

DATA

✉ 上海市天鑰橋路123號YOYO二樓202室　☎ (021)6468-0137
🕐 10:30～20:30

　　店如其名，最出名的當然是白斬雞、雞粥、雞油拌麵、雞湯麵、雞血湯等，品項雖然不算多，可美味的很！成為上海人喜愛的簡單美食。環境非常平民風，你要有與大家併桌的心理準備，用餐型態上也是很接地氣，無法高大上。雞肉肉質滑嫩，雞皮也帶足了油脂，吃起來卻不會太油膩，振鼎雞的醬汁是讓雞肉更好吃的關鍵，這碗小小的沾醬，除了醬油還有蒜末、麻油，與雞肉的融合指數百分百，真的超級超級讚！

1 划算又美味的振鼎雞 **2** 雞汁拌麵油蔥與雞汁的香氣結合

特色美食

與老火車專列一同用餐 　MAP P.65／B3　7號出口 步行約1分鐘
上海老站

DATA

✉ 上海市徐匯區漕溪北路201號　☎ (021)6427-2233　💲 平均消費￥250

　　位於天主堂的正對面，一棟以老洋房形式存在的本幫菜餐廳，建築本身是1923年建成，「懷舊」的環境，布置老上海物品，老吊燈、木樓梯、花園等，最出名的是店內停著兩列火車車廂，那可是「慈禧與宋慶齡的專列車廂」呢！出名菜色有蟹粉豆腐、清炒蝦仁、八寶鴨，想要體驗在老洋房裡吃上海菜，這裡是不錯的選擇，不過比較適合多人用餐，價格才划算。

2號線
Line 2

五光十色的百貨購物商圈

中山公園站
Zhongshan Park

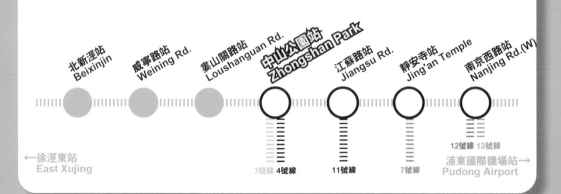

北新涇站 Beixinjin	威寧路站 Weining Rd.	婁山關路站 Loushanguan Rd.	中山公園站 Zhongshan Park	江蘇路站 Jiangsu Rd.	靜安寺站 Jing'an Temple	南京西路站 Nanjing Rd.(W)
			3號線 4號線	11號線	7號線	12號線 13號線

←徐涇東站
East Xujing

浦東國際機場站→
Pudong Airport

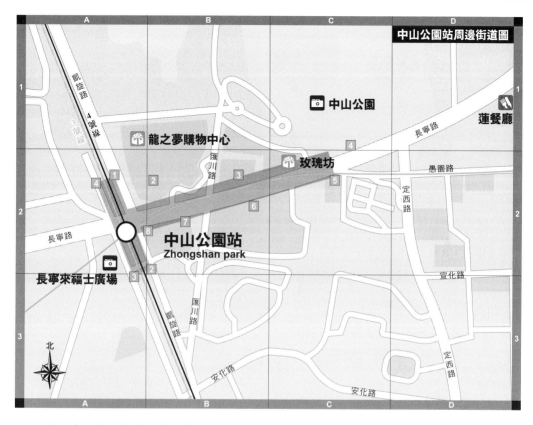

中山公園

蓮餐廳

龍之夢購物中心

玫瑰坊

中山公園站
Zhongshan park

長寧來福士廣場

凱旋路

4號線

3號線

匯川路

長寧路

愚園路

定西路

宣化路

定西路

安化路

安化路

北

中山公園在過去是英國大房地產商霍格的私家花園，本站就以此公園作為站名。中山公園站位於地鐵2號與3號的交會點，以其交通的便利性，形成了新的熱鬧商圈，位於地鐵之上的龍之夢商場、巴黎春天百貨、家樂福、眾多電器商城等，使得本站越來越具有生活的便利性。

遊賞去處

划船遊湖，休憩賞美景

中山公園

MAP **P.73 / C1**

4號出口
步行約2分鐘

DATA

✉上海市長寧路780號 ☏(021)6252-5225 $免費

　　中山公園是以孫中山先生的名字命名，在大陸與台灣共有超過40多座中山公園呢！上海的中山公園原屬舊上海時代英國房地產商人霍格的私人花園，1914年改為租界公園，幾經改造建設，成為現在的模樣，占地達20萬平方公尺。

　　除了廣泛的綠化之外，另外還有牡丹園、鴛鴦湖、荷花池、石亭石橋等美景，加上中山公園一帶環境優異，發展十分迅速，因此入住了許多外籍人士，每逢假日總是能看到攜家帶眷來到公園休憩的外籍家庭。

園內的湖還提供小船出租服務

遊賞去處

古蹟文物與現代商場並存

上海長寧來福士廣場

MAP **P.73 / A2**

3號出口
步行約5分鐘

DATA

✉上海市長寧路1139號 ☏(021)6263-9875 ◷10:00～22:00

　　長寧來福士廣場建於聖瑪利亞女中舊址，保留了部分歷史建築，包括原有的5座歷史建築及一棵百年銀杏樹。

　　來到這個全新的商城，你不但可以享受逛街購物的樂趣，還能順便漫步在張愛玲的母校聖瑪利亞女中舊址中！在商城部分也是亮點多多：H&M概念店、ASH旗艦店、Esprit旗艦店、Caudalie專賣店都進駐，美食部分則有被時代雜誌評選為「最具時代影響力的漢堡」的White Castle、「地表最強燒鴨」的文興酒家等等。

　　台灣遊客不要錯過的是大陸目前最夯的文創書店「言又幾」，這個品牌名稱來自「設」這個中文字，強調設計感與溝通，你必須來感受看看大陸近年的書店變化，早非昔日吳下阿蒙，進步的太快了！

1圍繞著張愛玲母校的聖瑪利亞女中舊址 2來福士是中山公園最新的大型百貨 3言又幾是近年最夯的文創書店

中山公園的新地標

龍之夢
購物中心

MAP P.73／A1
2號出口
步行約1分鐘

DATA

📧上海市長寧路1018號 📞(021)6115-5511
🕐10:00～22:00

　　與中山公園地鐵站結合，可以直接通其地下2樓，屬於綜合性百貨商城，地下樓有家樂福賣場、永樂生活電器、品牌服飾如H&M、C&A等皆有進駐，是中山公園區塊的地標。

小而精巧的特色百貨

玫瑰坊

MAP P.73／C2
3號出口
步行約1分鐘

📧上海市長寧路890號 📞(021)5241-8866

　　玫瑰坊商業街分為三大區塊：美食天地、時尚生活、旅行裝備，有來自台灣、韓國、日本、大陸的眾多精緻小飾品、服飾、T-Shirt、運動用品等店家或品牌，雖然不如大型購物商城般的規模，每一家小店卻各有特色，值得玩味。

兼具視覺味覺的創意料理

蓮餐廳

MAP P.73／D1
5號出口
步行約10分鐘

DATA

📧上海市長寧路641號 📞(021)5238-2919 💲平均消費￥100

　　注意到招牌上「創意楚菜」嗎？表明了它是在湖北菜的基礎上進行創意料理，很值得期待，用餐空間很素雅，營造出一種帶有脫離塵囂的感覺，牆面上的蓮花彩繪與白色系的空間色調，讓整個環境頗有精品酒店的感覺。菜色更是令人驚艷，前菜壇香是冰涼的醃製蘿蔔配上鳳爪肉，口感清爽有嚼勁，很特別的製作方式。風味老臘排則是招牌菜之一，肥而不膩的香腸，中間有骨，唇齒留香。荷香粉蒸肉則是在視覺與美味都獲得高分！David個人非常推崇這家店喔！

❶荷香粉蒸肉 ❷風味老臘排 ❸素雅中帶著藝術氣息的空間環境

2號線
Line 2

饒富不同歷史時空風情

靜安寺站
Jing'an Temple

婁山關路站 Loushanguan Rd.	中山公園站 Zhongshan Park	江蘇路站 Jiangsu Rd.	靜安寺站 Jing'an Temple	南京西路站 Nanjing Rd.(W)	人民廣場站 people's Square	南京東路站 Nanjing Rd.(E)

←徐涇東站
East Xujing

3號線 4號線　　　11號線　　　7號線　　　12號線 13號線　　　1號線 8號線

10號線

浦東國際機場站→
Pudong Airport

靜安寺站周邊街道圖

晶品購物中心
文興酒家
人和館
復茂小龍蝦
龍記茶餐廳
百樂門　久光百貨
靜安寺

Cinna Swirl
上海宏安瑞士大酒店
張愛玲故居

靜安寺站
Jing'an Temple

上海展覽中心

喜茶

PINTXOS

馬勒別墅

靜安公園
芮歐百貨

四明邨

蔡元培故居

北

靜安寺站顧名思義，地鐵就位在靜安寺之下。這一站的特色是綜合性強烈，除了千年古剎之外，大量的辦公大樓、日系的久光百貨、老上海風華的百樂門舞廳、銅仁路、富民路的酒吧、還有張愛玲與蔡元培的故居等，以多樣貌的方式展現出這一站的特色。

我很喜歡跑到這裡的運動酒吧看比賽，或是沿著富民路看老房子，如果你要來往浦東機場，靜安寺站也是「機場2號線」的始發點，中間不做任何停靠，1小時便可以到達，地理位置相當方便。

David的貼心提醒！

腿力好的遊客可以沿著南京西路一路晃到南京西路站，兩站安排在一起遊歷。

在靜安寺站，你會看到一棟建築的頂部有點熟悉，在上海定居的台灣朋友們都喜歡叫它「無敵鐵金剛大樓」，沒辦法，實在太像了，因此每次見到它，我們都會笑著高喊：「指揮艇組合」(其實它正確的名稱叫做中欣大廈，位於南京西路1468號)！

上海達人 *Shanghai*
3大推薦地

人和館

少數能以本幫菜獲得米其林星星的餐廳,雖然要排隊非常久,但絕對值得一試,蟹粉拌飯、醬爆豬肝都必點。(見P.83)

百樂門舞廳

大概所有《上海灘》系列電影都會有百樂門舞廳的蹤影,在電影中那是舊上海有錢人晚上的娛樂場所,幾乎最能顯示當時上海的繁華與奢靡的一面。(見P.80)

張愛玲故居

總是經常有「張迷」前來朝聖,看看張愛玲筆下《公寓生活記趣》中那個她曾經居住的地方,在李安的電影《色戒》推動下,張愛玲再一次重返人們的記憶中。(見P.81)

遊賞去處 曾經住過最多名人的小區
四明邨

MAP P.77/C3
8號出口
步行約5分鐘

DATA

📮 上海市靜安區延安中路913弄

這個平凡的小區有著新式石庫門里弄,卻是上海居住過最多大師的地方,曾經住過的名人太多太多,舉例幾個大人物:徐志摩、陸小曼、章太炎(國學大師)、泰戈爾(印度文學大師、諾貝爾獎得主)、胡蝶(民初知名女演員)……。

你可以從延安中路的入口進入小區,感受一下獨特的小區氣氛,一路漫步穿越整個四明邨,走到另外一頭出來就是巨鹿路,這也是條很有味道的上海馬路。

有味道的新式里弄房,可以直通到巨鹿路

城市中央的俄羅斯城堡

上海展覽中心

DATA

MAP P.77／C2
8號出口
步行約10分鐘

📧 上海市延安中路1000號　📞 (021)2216-2216

　　上海展覽中心的建築幾乎可以與宮殿媲美，氣派輝煌，建立於1955年，是上海最早的會展場所，原名「中蘇友好大廈」，展現蘇式的風格，許多重要的國內外展會，像是上海遊艇展等都曾在此舉辦。

商業中心的千年古剎

靜安寺

DATA

MAP P.77／B2
2號出口
步行約1分鐘

📧 上海市南京西路1686號(華山路口)　🕖 07:30～17:00　💲 ￥50

　　黃色系的建築使得靜安寺更顯莊嚴，由於靜安寺最早的歷史可以推到三國時代，因此稱之為「千年古剎」並不為過，然而由於歷史久遠且經歷文革，許多佛像和文物都已經損毀，目前許多都是後來重建而成，不過靜安寺的建築主體仍是非常具有可看性。

　　靜安寺屬密宗壇場，於1953年由持松法師復興自唐代失傳已久的中國唯一真言宗，寺內供有釋迦牟尼、觀世音菩薩，莊嚴隆重，真是上海市中心的難得佛教淨地。

　　靜安寺另外有一個特別之處，就是它的素麵相當有名，有「素什錦」與「雙菇」兩種，每逢中秋還會推出素月餅，有豆沙、香菇、南瓜、五仁、黑芝麻等口味，排隊的人潮絡繹不絕，堪稱一絕！

David的貼心提醒！

猜猜匾額後面的玄機

　　靜安寺的大匾額後面有玄機喔，請由側邊爬上2樓，除了欣賞鐘樓、鼓樓外，繞到匾額後面看看，刻有《般若波羅蜜多心經》喔！

1 靜安寺內景，大陸人喜歡把銅板丟到大鼎爐內，這座好高，你來丟看看 **2** 本站因為靜安寺的存在而命名

遊賞去處

親身體驗昔日夜上海

百樂門

DATA

MAP P.77／A2 1號出口 步行約3分鐘

✉ 上海市愚園路218號(近萬航渡路) ☎ (021)6249-8866 ⏰ 週一、三、日18:00～24:00；週二、四、五、六14:00～17:00、18:00～24:00

　　百樂門建成於1933年，當年擁有千人舞池、玻璃舞池、彈簧地板等等，可以說是遠東地區首屈一指的豪華舞廳。而自從白先勇的《金大班的最後一夜》小說推出後，百樂門的故事深深烙印在大家的腦海裡。確實，百樂門是一個充滿上海30年代歷史的地方，這裡的紅歌星包括周璇、白光、李香蘭等人，你所熟悉的老歌，像是《玫瑰玫瑰我愛妳》、《夜來香》、《夜上海》，過去都是夜夜迴盪於此。阮玲玉、張學良、徐志摩、卓別林等都曾是座上嘉賓，其「遠東第一樂府」之地位可見一斑。

　　2013年百樂門關閉進行長達3年的修繕工程，在2016年4月重新對外開放！秉持修舊如舊的理念，重新把昔日上海灘風華呈現在大家的面前。目前百樂門的經營，以晚餐為主，提供中西式套餐，價位在280～680人民幣/套，或是週二、四、五、六下午2點到5點，有下午茶舞時段，價格約320人民幣，可以聽歌、樂隊演出及下午茶品，想要回味當年百樂門的風采不妨安排用個餐吧！

1 百樂門外觀恢復1933年的樣貌 **2** 兩側都是上海老照片的樓梯 **3** 現場演唱大舞池重回昔日百樂門 **4** 舞池中跳著交際舞的客人

遊賞去處

緬懷民初愛國先賢

蔡元培故居

MAP P.77/B3
5號出口
步行約10分鐘

DATA

✉上海市華山路303弄16號 📞(021)6248-4996 🕐09:00～11:00，13:00～16:00 休週一

從華山路的路口轉進巷弄內，一座3層樓的老式洋房，這裡是蔡元培先生在中國所待的最後居所，目前故居保留了蔡元培當年居住環境的景況，老式的寫字台上擺放著文房四寶與蔡先生的著作。蔡元培於香港過世時，留下「科學救國、美育救國」的遺言，一代文人至死前最後一刻都念念不忘國家的發展，令人動容。

1 在華山路就能看到蔡元培的墨寶 **2** 蔡故居目前免費開放參觀，週一休館

遊賞去處

張愛玲書迷朝聖地

張愛玲故居

MAP P.77/B2
3號出口
步行約3分鐘

DATA

✉上海市靜安區常德路195號(不對外開放)

靜靜的、平凡的，常德公寓不醒目地默默矗立在常德路，甚至我在附近住了1年，天天經過都不知道這裡曾經有過文壇赫赫有名的人物居住過，大概受到電影《色戒》的影響，越來越多人前來探訪，目前常德公寓已將門面整修，晚上還會打起大燈。常德公寓當年的名稱叫「愛丁堡公寓」，1939年張愛玲與母親、姑姑住在51室，其後搬到65室，《公寓生活記趣》中，張曾經提到樓上孩子的溜冰鞋喧鬧聲、大雨漫過路面出門很不方便等等生活瑣事。如今，仍有張迷徘徊在樓下，不得其門而入。

千彩書坊

就在常德公寓的1樓，店主說：過去張愛玲家樓下本來是咖啡店，她也常常在樓下喝咖啡、創作，現在又重新開張了一家咖啡店，也多少還原了當年的景況。店內擺滿各類中英文圖書，當然也少不了《張愛玲全集》與張愛玲的照片，張迷不妨到這裡喝杯LAVAZZA咖啡豆研磨的拿鐵，幻想與張愛玲在不同的時空，同飲咖啡的浪漫情懷。

1 常德公寓，看起來再平凡不過，卻住過文壇才女 **2** 還原張愛玲家樓下曾經開過的咖啡廳，張迷可以來此稍歇

新開幕的特色購物地標
晶品購物中心

MAP P.77 / B2
3號出口
步行約5分鐘

DATA

✉上海市靜安區愚園路68號 ☎(021)2226-3388 🕙10:00～20:00

　　本站最新開幕的購物中心，集合購物餐飲、娛樂、樂活、時尚潮流等功能的購物廣場，以「活力、樂趣、創意」作為商場的核心特色。特別值得一提的是這裡匯聚了許多美食餐廳！遊客可以在此享受豐富的美食饗宴！

　　用餐精選推薦：粵式的「文興酒家」、泰式的「Home Thai 泰謠」、日式的「Maki House」。

靜安寺站全新開幕的商場

擁有最新品牌
芮歐百貨

MAP P.77 / B2
4號出口
步行約1分鐘

DATA

✉上海市南京西路1601號 ☎(021)2230-9877
🕙10:00～22:00

　　Réel是法文「真實」的意思，這家百貨是靜安區最新的地標百貨，最特別的是眾多國際品牌在中國的第一家店都選擇了在此設櫃，也形成了與其他百貨的差異化。此外，位在1樓的Rat Tar Art Bar充滿後現代藝術的設計風格，4樓的鐘書閣是上海最美書店之一，可以去看看喔。

芮歐百貨內有許多其他百貨沒有的品牌

旅滬日本人最愛
久光百貨

MAP P.77 / B2
2號出口
步行約1分鐘

DATA

✉上海市南京西路1618號 ☎(021)3217-4838
🕙10:00～22:00

　　強調日式親切服務的久光百貨，擁有超過500個知名品牌進駐，許多外來品牌在上海開的第一家店都是選擇久光百貨，例如：Tiffany、Dunhill、Bally等，在靜安區屬高級百貨之一，其地下樓的超級市場可買到來自日本和台灣的物品，因此吸引不少日、台商的青睞到此採購日常生活用品。

久光百貨是靜安區最好逛的百貨之一

特色美食

米其林一星本幫菜餐廳

人和館

MAP P.77／B2

3號出口
步行約6分鐘

DATA

📮上海市愚園路142號1、3樓 📞(021)6266-8003 🕐週一
～五11:00～14:00、17:00～21:00；週六～日11:00～21:00
💰平均消費￥250

來到上海就該吃吃在地的本幫菜，這間人和館還
有米其林一星加持，更是非常值得品嘗了！環境上
布置成老上海風情，讓人有種回到30年代上海的感
覺，菜色方面最招牌的就是蟹粉拌飯、紅燒肉、醬
爆豬肝。其中蟹粉拌飯用上了滿滿的螃蟹精華，入
口整個海鮮味覺在口腔中爆發，絕對一絕！

醬爆豬肝則是十分考驗大廚功力，熟度必須恰到
好處，豬肝又嫩又滑口，十
分下飯，其他本幫菜經典的
紅燒肉、燻魚、酒香草頭等
等，當然也都在菜單上，只
是自從摘星之後一位難求，
如果你想要品嘗記得要先訂
位，或是選擇離峰時段現場
排隊。

1 燻魚也是本幫菜經典小品
2 滿滿的蟹粉是本店招牌
3 30年代老上海氛圍的環境

特色美食

口味多樣的河鮮料理

复茂小龍蝦

MAP P.77／B2

1號出口
步行約5分鐘

DATA

📮上海市靜安區膠州路32號 📞(021)5269-9075
💰平均消費￥120

在上海「吃小龍蝦」是一種流行，這種大頭龍
蝦其實肉並不多，但是用手剝殼享受過程與美味卻
是上海人的最愛。而「复茂」又是其中最出名的店
家，手抓小龍蝦、十三香龍蝦、蔥烤龍蝦是招牌
菜，口味相當多樣化，平均價格每道菜約￥70。

小龍蝦的作法，就屬复茂的料理方式最多變了

特色美食

地表最強燒鴨登陸
文興酒家

MAP P.77 / B2
3號出口
步行約5分鐘

DATA

📧 上海市靜安區愚園路68號晶品購物中心L6-05
📞 (021)6287-5001 💲 平均消費¥150

被英國財經報譽為「世界上最好吃的燒鴨」(The Best Roast Duck in The World)，1990年創始於英國的中國城，近年也開到曼谷等地，不論在何處都是排隊名店！如今文興酒家從英國紅到上海來了！建議你也趁這次旅遊機會品嘗看看，這裡的燒鴨皮脆不油膩，入口滿是香甜氣息，真不愧是燒鴨之王！麒麟乳豬件則是結合了烤製的豬皮、豬肉生菜、粢飯與沙拉醬，口感層次豐富，相當地特別！想要嘗試多種口味的遊客則可以選擇燒味拼盤。

1招牌必點的文興燒鴨 2麒麟乳豬件多重層次的口感
3文興酒家的招牌響噹噹

特色美食

美味西班牙風味
PINTXOS

MAP P.77 / C3
7號出口
步行約5分鐘

DATA

📧 上海市靜安區延安中路1515號靜安嘉里中心南區商場B1-10
📞 (021)6173-7983 🕐 11:00～22:00

如果想要吃點道地的西班牙美食，那麼選擇PINTXOS就錯不了！環境上也很輕鬆，一點都不嚴肅，在料理上不論是西班牙海鮮飯、墨魚飯、伊比利亞火腿都是西班牙料理中的必點項目。推薦煎羊架，羊肉柔嫩沒有羶味，肉汁被鎖在表皮內，一口咬下去香味四溢！搭配羊乳芝士伊比利亞火腿，香濃的奶香襯托出火腿的風味，推薦大家來試試。

1乳芝士伊比利亞火腿 2煎羊架柔嫩沒有羶味
3PINTXOS的環境簡單舒適

特色美食

全上海最棒的叉燒餐廳

龍記茶餐廳

MAP P.77 / B2
2號出口
步行約1分鐘

DATA

✉上海市靜安區南京西路1618號久光百貨B1樓
☎(021)6288-2757 💲平均消費￥70

這一家店的燒味系列被認為是全上海最好吃的餐廳之一。所以不但常常大排長龍,而且去晚了很多品項就已經買不到囉!這家店不論是叉燒、燒鵝、燒鴨、滷鴿都做得非常好吃,皮脆肉鮮嫩卻一點也不油膩,此外,鮮蝦雲吞也是眾所推薦,當然港式奶茶是一定要搭配的囉!

1 脆皮滷鴿也是本店一絕,建議嘗嘗喔
2 瞧瞧這金牌燒鵝油亮的外皮,讓人垂涎三尺

特色美食

貝果與肉桂捲碰撞出的美味總和

Spread the bagel・cinnaswirl

MAP P.77 / B2
3號出口
步行約5分鐘

DATA

✉上海市愚園東路32號 ☎15618638295 🕐07:00～20:00 💲平均消費￥30

一對美國夫婦開的一家小店,所有的東西都是手工製作,來自老闆Heather的家傳食譜,經過店門口,就能聞到空氣中充滿著肉桂香,雖然我認識的許多人,都對肉桂的特殊香氣感到排斥,但是吃過Cinna Swirl之後就統統改觀了!一定要品嘗剛出爐的肉桂捲,那香氣與Q彈的口感,一定會讓你佩服,現在店內也提供貝果,各種類型的組成同樣受到顧客喜愛,有機會不妨早餐來這裡喝杯咖啡,搭配貝果或肉桂捲,開啟一天的旅程。

1 早餐最佳組合:網紅咖啡(Manner)+肉桂捲 2 4種不同口味的肉桂捲
3 溫馨小巧的店面藏著美味,充滿肉桂香

上海地鐵:2號線

中山公園站 **靜安寺站** 南京西路站 南京東路站 陸家嘴站 上海科技館站

2號線
Line 2

美食與逛街的延伸站

南京西路站
Nanjing Rd.(W)

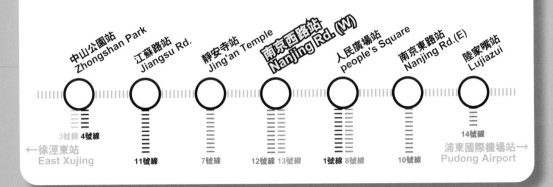

中山公園站 Zhongshan Park	江蘇路站 Jiangsu Rd.	靜安寺站 Jing'an Temple	南京西路站 Nanjing Rd.(W)	人民廣場站 people's Square	南京東路站 Nanjing Rd.(E)	陸家嘴站 Lujiazui
3號線 4號線	11號線	7號線	12號線 13號線	1號線 8號線	10號線	14號線

←徐涇東站
East Xujing

浦東國際機場站→
Pudong Airport

南京西路站周邊街道圖

往上海自然博物館

吳江路休閒街

星巴克臻選工坊

美琪大戲院

南京西路站
Nanjing Rd.(W)

張園

興業太古匯

靜安小亭麻辣燙
西貝莜面村

梅龍鎮酒家

恆隆廣場

南京西路站
Nanjing Rd.(W)

毛澤東故居

北

南京西路站延續了南京路的繁華氣氛，在這裡有的是另一種層次的百貨商圈，許多的高級品牌都能在這裡的百貨公司內找到，像是梅龍鎮廣場、中信泰富廣場、恆隆廣場，這裡所呈現的感覺雖然不如南京步行街熱鬧，卻展現出另一種高端等級的優越感。

本站有3條地鐵交會，不但有過去知名的小吃街：吳江路，近年更是開設了「興業太古匯」、重新整理開放的百年石庫門建築群「張園」、全世界最大的星巴克等等，可以逛的內容又多又豐富，行程安排不可錯過！

3大推薦地

張園

超過百年的建築群，清代曾經是上海最風光的遊樂聖地，當年沒逛過張園就如同沒來過上海一樣，如今保留著當年的建築風華，可以在巷弄中走走喔！(見P.91)

👍 作者最愛

靜安小亭麻辣燙

麻辣燙是上海人非常熱愛的小吃，到處都能看到小店面，而這一家靜安小亭麻辣燙又是箇中翹楚，雖然要等上一段時間才會上桌，但是絕對值得一試喔！(見P.92)

👍 觀光客必訪

吳江路休閒街

吳江路從1980年代開始就是小吃一條街，過去這裡整條都是美食攤位，空氣中瀰漫著美食香氣，環境也煙火繚繞，後來經過改造變身成為休閒街，導入品牌餐廳、購物商店，逛起來就更舒服了，David推薦遊客到269號的湟普匯找尋美食。(見P.88)

📷 遊賞去處

現代感十足的徒步區

吳江路休閒街

MAP P.87／C1
3號出口
步行約1分鐘

吳江路過去是上海最出名的小吃一條街，就像台灣的夜市一般，不過由於上海都市計畫的發展，原來的小吃街已經被拆除，取而代之的是現代感十足的新穎徒步區與購物中心，同樣受到遊客們的喜愛。

湟普匯裡有美食麻辣燙與南翔饅頭店

興業太古匯

南京西路最後一塊拼圖

遊賞去處

MAP P.87／D2
5號出口
直接連通

DATA

✉上海市南京西路789號 ☎(021)5275-8888 🕙10:00～22:00

　　歷經14年，有南京西路最後一塊拼圖之稱，就是「興業太古匯」，坐擁3條地鐵交會，加上市中心的位置，這裡稱得上是上海最佳地段之一，興業太古匯是結合了時尚購物中心、辦公樓、精品酒店的綜合體，連全世界最大的星巴克都選擇落戶於此。

　　在興業太古匯中特別保留了一座百年歷史的歐式風格大宅邸，命名為「查公館」，讓這區擁有了新舊融合的特殊美感。在購物方面，來自世界的品牌齊聚，Aape、CK、COACH等等都設有專櫃，此外這裡的餐廳美食也不少，知名本幫菜餐廳「老吉士」、動漫版旗艦店的「小山日本料理」、香港「翠園」，甚至來自臺灣的「鼎泰豐」都有，這裡已然成為上海打卡潮地，潮人網美都在這裡出沒，你也千萬不要錯過唷！

1 半露天手扶梯通往星巴克 2 保留了百年建築查公館 3 各種品牌齊聚很好逛

美琪大戲院

只演出大型歌舞劇的老戲院

遊賞去處

MAP P.87／A2
1號出口
步行約5分鐘

DATA

✉上海市江寧路6號 ☎(021)6217-4409

　　美琪大戲院也是上海老戲院，當初以「美輪美奐，琪玉無暇」定名，建立於1941年，屬近代優秀建築保護單位。現在的美琪大戲院並不播放電影，而是以大型歌劇、舞臺劇、芭蕾舞劇、音樂劇等表演為主，常常邀請國內外知名劇團演出。

老戲院，現在的外觀卻弄得很花俏

遊賞去處 毛主席的居住地

毛澤東故居

MAP P.87／C3
4號出口
步行約15分鐘

DATA

✉上海市靜安區茂名路120弄5-9號 ☎(021)6272-3656
🕐09:00～11:00，13:00～16:00 休週一 💲免費參觀

　　毛澤東於1924年來上海時所居住的地方，兩層樓高的石庫門建築，內部展示了毛澤東的書信與照片等文物。前院牆上石雕著毛澤東的書法與創作，由於毛澤東在文學上屢有佳作，書法更被稱為「毛體」，這裡有其墨跡，可以看看。

牆上有毛澤東的字跡拓印，我個人對其文筆一直很讚賞

遊賞去處 寓教於樂的最佳選擇

上海自然博物館

MAP P.87／C1
2號出口
步行約15分鐘

DATA

🌐www.snhm.org.cn ✉海市靜安區北京西路510號(靜安雕塑公園內)
☎(021)6862-2000 🕐09:00～17:15 休週一 💲￥30

　　必須去！這個於2015年開幕的博物館，不論內外都有看點，不可錯過！建築外觀以鸚鵡螺的殼體形式發想設計，牆體又似細胞核的結構，結合綠化與水源，整個就是地球的縮影。

　　上海自然博物館館藏珍貴標本超過20萬件，其展示以「自然、人、和諧」為主題，有演化的樂章、生命的畫卷、文明的史詩3大主題，各主題之下又有10個展區，闡述自然界中縱橫交錯、相輔相成的種種關係。

　　還有可以實際觸摸的化石、海星生物，加上多媒體聲光導覽、巨大的1：1恐龍模型等等豐富內容，完全是寓教於樂，不論大小朋友都非常推薦來此體驗感受！

David的貼心提醒！

　　不想走太多路的遊客，可以選擇搭到13號線「自然博物館站」，出站即達。

1上海自然博物館的外觀 2許多巨型恐龍等生物的骨骼模型 3栩栩如生的生物標本，突顯寓教於樂的功能

遊賞去處

百年石庫門建築群重生

張園

MAP **P.87／C2**
4號出口
步行約2分鐘

DATA

✉上海市靜安區茂名北路188弄 ☎(021)5238-6088
🕙10:00～22:00

　　這個張園最早在1882年由商人張叔和購自和記洋行，取名為「張氏味蓴園」簡稱張園，其後張叔和持續的增修，佔地越來越大，成為上海最大的私家園林。1885年，張園開始對遊客開放，園內還有當年上海最高建築「安愷第」，登上樓能鳥瞰上海。清末張園甚至成為了上海最大的市民公共活動場所，裡面不但有電影、雲霄飛車、西洋鏡、馬戲團、各類的表演活動等等！張園被喻為「海上第一名園」。

　　目前遊客來到張園，體驗到的是2022年封閉修繕多年後重新開放的內容，進入後第一個建築體就是LV(Louis Vuitton)旗下首家「Objets Nomades」旅行家居展示廳。你可以看到經過修繕後的老宅新風貌，少了點歷史的痕跡，透露出更多華麗光彩，可以想見當初有多風光，一磚一瓦、建築線體的勾勒、對稱比例的掌握都還是很有味道！大廣場區則是奢華品牌「迪奧」旗艦店、「江詩丹頓」這個來自瑞士的奢華腕錶，同樣拿下整座建築，還有寶格麗的香氛、Gucci、藍瓶咖啡等。

　　如今的張園因為高端品牌的進駐，整個質感提升，如果你想要感受老上海石庫門、里弄的味道，可以往後方走走，可以拍到許多有味道的照片，感受一下新舊融合、百年風華的重生，想要拍照、逛街、打卡吃美食，這裡都能滿足你。

1 張園是老上海石庫門改造的新區 **2** 厚重的大鐵門如同庫房，就是石庫門名稱由來 **3** 進駐的品牌都很高端 **4** DIOR旗艦店 **5** 江詩丹頓品牌旗艦店

具有歷史地位的老字號

特色美食

梅龍鎮酒家

MAP P.87／B2

4號出口
步行約5分鐘

DATA

✉上海市南京西路1081弄22號 ☎(021)6253-5353

　　一部由郎雄、金士杰、陳小春和吳倩蓮合演的《春風得意梅龍鎮》，將梅龍鎮酒家的知名度推到了最高點，這家總店也正是電影取景之處。建立於1938年的梅龍鎮酒家，背後的故事與其菜色一樣精采，將川菜的酸、甜、香、麻、辣，結合上海口味重新詮釋，號稱為「海派川菜」，如今則是以本幫菜為主，歷經幾代傳人的經營，老字號的梅龍鎮酒家具有其歷史的身分地位。

　　我更情願將它視作一個景點，而不僅是餐廳，古色古香的環境、大器磅礴的外觀、居於巷弄內的大宅，這裡往往是宴請外來賓客體驗上海的地方，由於價位不斐，預算型玩家可好好欣賞感受其建築之美，也算不枉此行，招牌推薦菜：干燒明蝦、蟹粉獅子頭、揚州干絲、蜜汁火方。

1燒明蝦(照片提供/梅龍鎮酒家) **2**富貴魚鑲麵(照片提供/梅龍鎮酒家)

平價美食，饕客最愛

特色美食

靜安小亭
麻辣燙

MAP P.87／C2

4號出口
步行約1分鐘

DATA

✉上海市靜安區吳江路269號湟普匯2樓
☎(021)6136-1399 💲平均消費￥20

　　「麻辣燙」相當於台灣夜市的加熱滷味。不同的是上海的麻辣燙是用麻辣湯底來煮熟你點的食物，既便宜又過癮，是大陸民眾的最愛。這家靜安小亭麻辣燙非常地出名，雖說麻辣燙處處都有，湯底口味卻是學問，靜安小亭麻辣燙極有口碑，小小的店面擠滿了顧客，從魚丸、金針菇、燕餃、腐皮、香腸……一應俱全，配上熱燙香的麻辣湯，價格卻連20元都不到，難怪永遠吸引著饕客前往！來到上海也不要忘記品嘗一下大陸的特色小吃喔！

1永遠滿滿的客人，但是等待是值得的 **2**小吃價格享受麻辣美味

特色美食

全世界最大的星巴克

星巴克臻選工坊

MAP P.87 / D1

11號出口
步行約2分鐘

DATA

✉上海市靜安區南京西路789號（N110&201）💲平均消費￥108

2700平方公尺的面積、整整2層樓面、超過400名員工一舉奪下「全球最大的星巴克」頭銜！這也是繼西雅圖烘焙工坊後的全球第二家烘焙工坊，但面積是兩倍大！位置在新開幕的「興業太古匯」，從商城看過去就會見到星巴克自己獨立的一棟空間，非常的顯眼。

整個場地大到根本無法想像是間咖啡店，因為星巴克連烘焙工坊都搬進來了，整個場地內有「工坊十景」，簡直就是一個景點了啊！全場最吸睛的當屬中央的大型圓銅，上面有著不同的中文鐫刻字體，如同許多的印章堆疊，相當的壯觀，來這個世界最大的星巴克參觀，喝杯咖啡打打卡，也算是完成一項成就！

1 全世界最大的星巴克在此 **2** 整個烘焙工坊都搬進來了
3 現場來朝聖的客人非常多

特色美食

來自西北草原的味道

西貝莜面村

MAP P.87 / C2

14號出口
步行約8分鐘

DATA

✉上海市靜安區吳江路269號2樓210 📞4008207320
🕐10:30～21:00 💲平均消費￥120

來到上海也可以體驗西北風味，David非常推薦這間西貝莜面村，強調90%原料來自天然的西北，菜單上的內容隨便點，基本零踩雷，通通很好吃！羊肉都是來自西北草原，口味絕對讓你喜歡；肉夾饃夾牛肉、豬肉，創造出獨特的當地風味，肉的油脂滲出被饃吸收，超棒的味道；此外還有叫做「鱼鱼」的東西也很推，它是由一種草本植物做出來的東西，捏製成類似「貓耳朵」的面塊，吃起來有咬勁，很有趣！最後還要推薦飲料，必點「沙棘汁」，這是在西北地方的荒漠之中產的水果，喝起來酸酸甜甜的很特別！

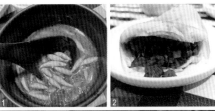

1 這個魚魚是很特別的麵食類食物 **2** 肉夾饃也是西北特色食物 **3** 西北羊肉就是豪邁過癮

2號線
Line 2
最能呈現上海十里洋場的氣氛

南京東路站
Nanjing Rd.(E)

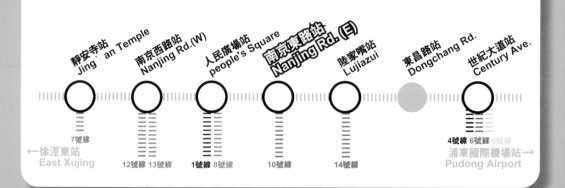

靜安寺站 Jing'an Temple	南京西路站 Nanjing Rd.(W)	人民廣場站 people's Square	南京東路站 Nanjing Rd.(E)	陸家嘴站 Lujiazui	東昌路站 Dongchang Rd.	世紀大道站 Century Ave.
7號線	12號線 13號線	1號線 8號線	10號線	14號線		4號線 6號線 9號線

←徐涇東站
East Xujing

浦東國際機場站→
Pudong Airport

南京東路站周邊街道圖

中國證券博物館
外白渡橋
外灘源
人民英雄紀念碑
黃浦公園
外灘觀光隧道
和平飯店
大丸百貨
外灘十八號
6F / Mr & Mrs Bund
7F / KEV
林肯爵士樂
上海中心
喜粵8號
南京東路站
Nanjing Rd.(E)
南京路步行街
宏伊國際廣場
上海姥姥
申報館
The Press
外灘三號
Jean Georges
人民廣場站
People's Square
永安百貨
金陵東路渡口
往遊輪碼頭
北

南京東路站正好位於知名的南京步行街中央，出站後往東走可以到外灘、往西可以到人民廣場、往北可以到七浦路成衣集散區、往南可以到豫園，這一站對於背包旅行者來說，也是一個重要的交通要點。

一出站就可以感受到「十里南京路」的繁華，昔日上海最熱鬧的商業街，至今仍然延續著它的熱度，老上海的建築與全新的百貨廣場相映成趣，入夜之後當所有的霓虹燈點亮，這一幕不知道讓多少人視為上海「十里洋場」的代表畫面。

David的貼心提醒！

人多擁擠注意隨身物品，同時體力要調配好才能一路逛到外灘去喔！

95

上海達人 *Shanghai*
3大推薦地

作者最愛

南京路步行街

能被列入「上海印象」的景點中，南京步行街絕對是其一，全上海最熱鬧繁華的街道，入夜後的霓虹、人潮、店家，讓你感受十足的上海動力。(見P.97)

觀光客必訪

搭船遊黃浦江

只在岸上欣賞黃浦江兩岸美景不過癮？那就實際搭船遊吧！船上的風光完全不同感受，遊客必試！(見P.106)

在地內行推薦

外灘3號、外灘18號

外灘的建築群中，目前當屬「外灘3號」與「外灘18號」最富盛名了，在歷史痕跡的建築中，有世界頂級餐廳與露天酒吧，不能錯過！(見P.108、109)

遊賞去處

老字號與新興百貨的融合

南京路步行街

MAP P.95 / B2
1號出口
步行約1分鐘

David的貼心提醒！

南京路巷內有付費的上海灘場景拍照服務，有興趣可以來當當許文強，過一把上海灘英雄的癮。

由地鐵南京東路站出來，剛好是南京路步行街的中段位置，早在30年代，這條街便由4大公司組成了全中國最摩登繁華的商業街道，分別為先施(服裝公司)、永安(華聯商廈)、新新(食品行)、大新(第一百貨)，如今這些建築依舊屹立南京路，卻換上了更具現代感的風貌。

傍晚時分，永安百貨側面3樓的陽臺，會有薩克斯風的演奏，吸引人潮駐足圍觀和聆聽。如果走累了，不妨坐上可愛的觀光小火車，票價¥5，行駛路線恰好是南京步行街西段，串連人民廣場站到南京東路站。

新舊交替是南京步行街的另一大特色，整條路上老字號的店家一籮筐，新興的百貨與品牌旗艦店也不遑多讓，延續著百年風華，這條五光十色的南京路，勢必將繼續引領上海下一個百年的風光。安排步行街之旅，最佳的時間是在晚上前來，當整條街的霓虹亮起、逛街的人潮、喧囂的人聲，這才是南京步行街最大的看點！

1 入夜後的南京路步行街很美 **2** 步行街有小火車可以搭乘 **3** 步行街的起點在人民廣場

外灘萬國建築博覽

沿著中山東一路外灘路段，毫無疑問，是整個上海最殺底片的地方，有「萬國建築博覽」的美譽，不論你來自世界上的任何一個地方，都很難不被自外灘的建築群之美所震懾。外灘歷史建築群由晚間7點開始點燈，夜裡的外灘是另一番景致，當然，也沒有任何人能夠抵擋這樣的美。從外灘1號到外灘29號一字排開，每棟都有特色，David幫大家把特別值得關注的幾棟點名出來。

細訴「外灘」名稱的由來

1840年鴉片戰爭失敗後，英商開始在黃浦江西岸建造碼頭和洋行，逐漸形成了外商洋行聚集之地，「外灘」也因此日漸嶄露頭角，並成為外商展示財力的區塊。其實，在上海的地名中，會把河流的上游叫做「裡」、下游叫做「外」，所以黃浦江下游的灘地之處就叫做「外黃浦灘」，又被簡稱「黃浦灘」或「外灘」。

1 2 這裡絕對是上海最殺底片的地方，準備好你的相機吧
3 外灘建築群沿著中山東一路一字排開，氣勢宏偉

外灘1號 亞細亞大樓

DATA

➡ 3號出口，步行約30分鐘

作為排頭的建築，是於1906年落成的亞細亞大樓，被譽為「外灘第一樓」，樓高8層，同時具有巴洛克風格與現代主義風格，現在是中國太平洋保險公司的總部。

外灘3號 有利大樓

DATA

➡ 3號出口，步行約30分鐘

建於1916年。除了是上海第一座鋼骨結構大樓外，它更多給予人的感覺是時尚與品味的代名詞，1樓的品牌店與3樓的藝廊各顯風華，樓上還有被《餐飲業》雜誌評為「世界十佳餐廳」的Jean-Georges法國餐廳、粵菜餐廳及酒吧，在上海，提起晚上去外灘3號吃飯或泡吧，那可真是一種小資情趣啊！(備註：「小資」在中國指的是中產階級)

照片提供／外灘3號

外灘2號 上海總會大樓

DATA

➡ 3號出口，步行約30分鐘

建築因為同時具有英國古典主義風格，又參照了日本帝國大廈建築，所以被譽為「東洋倫敦」。上海總會當年可是全上海最豪華的俱樂部，這裡有幾個特色，全中國最長的吧檯(34公尺)、全中國最古老的電梯(90年前由西門子製造)；對了，王家衛導演的《2046》電影情節中的房間，就是在這裡取景喔！

外灘2號目前是華爾道夫酒店

外灘5號 日清大樓

DATA

➡ 3號出口，步行約30分鐘

日清大樓建於1925年，你有沒有發現這棟樓底下3層與上面3層風格不太一樣？是的，原來這是由日本的日清公司蓋樓，因為資金不足找了猶太人合資，結果各建3層，日本人負責底下3層，這個樓的形式變得無法歸類，大家就稱它為「日猶式」風格了。

外灘6號 中國通商銀行大樓

DATA

➡️ 3號出口，步行約25分鐘

　　看起來像是一座大教堂，這是英國哥德式建築。1987年這裡可是當年中國人自行籌資創設的第一個銀行，之後在1907年拆除，重建為現在的樣貌，其在中國金融史上具有非凡的意義。

造型酷似大教堂的外灘6號，1樓現在有D&G品牌進駐

外灘7號 中國電報大樓

DATA

➡️ 3號出口，步行約25分鐘

　　屬於歐洲文藝復興風格的大樓建立於1908年，建築具有統一、協調、穩重的特性，現在是泰國磐谷銀行使用中。

大大的磐谷銀行LOGO與泰文，告訴你現在的主人是誰

外灘9號 輪船招商總局

DATA

➡️ 3號出口，步行約25分鐘

　　李鴻章在1887年籌建中國第一家新式輪船運輸公司，就是輪船招商局，這棟大樓建立於1901年，超過一個世紀的歲月，使它成為萬國建築群中的老大哥。

輪船招商總局是外灘建築老大哥，1樓有夏姿品牌進駐

外灘12號 匯豐銀行大樓

DATA

➡️ 3號出口，步行約25分鐘

　　建成於1923年的匯豐銀行大樓當年建設時的花費，據稱相當於當時外灘所有建築造價總和的一半。最為特別的是門口的一對銅獅造型，一鑄成之後，就將銅模銷毀，使其成為絕響，同時這兩隻銅獅，現今也出現在匯豐銀行所發行的港幣上面。

這棟樓是外灘造價最高的喔

海關大樓與隔壁的匯豐銀行大樓兩強聯手，是最殺記憶卡的畫面

外灘 13號 海關大樓

DATA

➡ 3號出口，步行約20分鐘

建成於1927年，特色就是它的鐘樓造型，是仿美國國會大廈的大鐘製造，當然它也完全不辜負使命，到現在依舊準時敲響整點鐘聲，彷彿提醒著外灘的遊客們，不要忘記了它的存在。

外灘 14號 交通銀行大樓

DATA

➡ 3號出口，步行約20分鐘

建於1940年，現代主義風格的交通銀行大樓，是外灘建築群中一個較新建成的小老弟。

交通銀行大樓是建築群中年紀最輕的一棟

外灘 15號 華俄道勝銀行大樓

DATA

➡ 3號出口，步行約20分鐘

建於1904年，華俄道勝銀行是清代第一家中外合資銀行，法國古典主義建築，是外灘建築中，內部裝修極為豪華的一棟。

國父創立的中央銀行，也曾收購華俄道勝銀行大樓辦公

外灘 16號 台灣銀行大樓

DATA

➡ 3號出口，步行約20分鐘

建於1924年，當年由日商開設的台灣銀行大樓，現在是招商銀行。

以前是台灣銀行喔？我能領到新台幣嗎？哈

101

外灘17號 友邦大廈

DATA
- 3號出口，步行約15分鐘

建於1924年，曾是外國在上海開設的最大新聞機構「字林西報館」，現為美國友邦保險使用。

外灘18號 麥加利銀行大樓

DATA
- 3號出口，步行約15分鐘

建於1923年，麥加利銀行是渣打銀行當年在中國的總部。現在的外灘18號與外灘3號都是外灘時尚美食殿堂，樓上是高級餐廳與時尚酒吧。

外灘19號 滙中飯店

DATA
- 3號出口，步行約15分鐘

建於1906年，目前是和平飯店的南樓，白色清水牆體配上紅磚的腰線，用色相當突出，1911年曾舉辦過孫中山就任臨時大總統歡迎大會。

外灘20號 和平飯店

DATA
- 3號出口，步行約15分鐘

建於1929年，由猶太籍房地產大亨沙遜所投資興建，當年叫做「華懋酒店」，以芝加哥學派哥特式風格設計，樓高77公尺，被稱為「遠東第一樓」。招牌綠頂的造型，位於南京路與中山路的交會口，有無數的名人曾下榻此處，如美國馬歇爾將軍、喜劇泰斗卓別林……等，光是在此飯店拍攝過的電影就多達30部以上！

和平飯店收藏館

和平收藏館就位在酒店的1、2樓之間夾層內。對於一個擁有近百年歷史的建築與酒店來說，在時光的日記本上記錄所發生的所有事情，在將來回味與咀嚼的時候，就會特別有感覺。

為了豐富館內的藏品，和平飯店特別在網站與媒體廣發邀請帖，希望當年曾經服務於華懋飯店、和平飯店的老員工，如果有當年酒店的物品，可以捐出或是借展於此。消息一出，許多老員工的第二代、第三代紛紛把珍貴的傳家寶翻出來，成就了如今的館藏。

1綠色屋頂為招牌的和平飯店 2和平飯店珍貴的歷史物品展出 3位在夾層中的收藏館鮮少人知道唷

外灘23號 中國銀行大樓

DATA

➡3號出口，步行約15分鐘

據稱本來這棟屬於華人設計的大樓要蓋34層，成為當年遠東最高樓，然而隔壁的沙遜大廈(和平飯店)的主人——英籍猶太人沙遜出面干涉，雙方打了很久的官司，中國敗訴，最後只得硬生生比沙遜大廈低了30公分。

中國銀行大樓本來該有34層，卻被打壓成17層。在大樓的邊上有一個老消防栓喔

外灘24號 正金大樓

DATA

➡3號出口，步行約15分鐘

建於1924年，後文藝復興時代風格，2～5樓外面立有兩根愛奧尼克立柱，造型均衡、對稱，而左右兩側的神話人物面部有些殘缺，正金大樓許多細節，都很有美感。

外灘27號 怡和洋行大樓

DATA

➡3號出口，步行約15分鐘

建於1943年，怡和洋行是上海最早開設的洋行之一，建築主體屬文藝復興時期風格，1、2樓以花崗岩堆砌，厚重感十足，3樓以上有柯林斯柱造型，氣勢雄偉。

大塊的花崗岩堆砌，顯得厚重而有氣勢

David的貼心提醒！
外灘行程兩種玩法！

精簡版：先搭乘地鐵到「南京東路站」，出站後往東到和平飯店，過人行地下道到對面的步行區，沿著黃浦江往南，從街的對面觀賞外灘建築群，走到金陵東路擺渡口，坐船過江繼續浦東(陸家嘴站)行程。

細緻版：對於建築的細節有愛好的人，David建議，搭乘地鐵到「南京東路站」，出站後往東到和平飯店直接右轉，在外灘歷史建築的底下走過，細細品味建築的每一分細節之美，然後走到中山東一路、廣東路口或延安路口，再過馬路從對面回頭向北走，走到黃浦公園、人民紀念塔、外白渡橋為止，當你由馬路的另一頭看這些建築，感受又是不同。

傳說中的三槍牌

人民英雄紀念碑

MAP P.95 / D1

6號出口
步行約20分鐘

人民英雄紀念碑又被俗稱為「三槍牌紀念碑」，其位置正好位於蘇州河與黃浦江交會處，由此處遙望浦東有另一番視野。而紀念碑所坐落的位置也正是黃浦公園，這是一個過去「華人及狗不得入內」的地方，如今不僅可以自由進出，更是絕佳的拍照地點。

可以免費白渡的橋

外白渡橋

MAP P.95 / D1

6號出口
步行約20分鐘

屹立百年的外白渡橋也是上海灘的形象建物之一，為了讓它再延續百年，在2008年4月上海政府將整座橋梁運走，以一年的時間修繕，並在2009年4月原地裝回。外白渡橋的介紹銅牌上寫的英文名稱是「Garden Bridge」，那為何會叫「外白渡」呢？據說是因為同治13年此橋建成後，華人不用再付過橋費，可以「白渡」。

外灘新興的建築群景區

外灘源

MAP P.95 / C1

6號出口
步行約20分鐘

外灘源位在黃浦江、蘇州河交會處，主要是圓明園路上，共有15幢優秀歷史建築，有別於外灘萬國建築博覽的喧鬧，這裡靜靜的感覺更棒，散步其中看著百年建築真的像回到租界時代一樣。

這裡即將打造如同美國紐約第五大道、東京表參道、倫敦的牛津街、巴黎的香榭麗舍，定位為最高品味的綜合服務區，你也來感覺一下這特殊的氣質吧！

1另一頭入口有座特色教堂
2這個真光大樓是大師鄔達克的作品
3一整排的老建築又是超強的氣場

遊賞去處

具有聲光效果渡河法

外灘觀光隧道

MAP P.95 / D2
3號出口
步行約20分鐘

DATA

🕐08:00～22:30 💲單程￥50，往返￥70

要從外灘到對面的東方明珠塔，唯一「直達」的交通工具就是這條觀光隧道，全程約464.7公尺的距離，搭乘小型軌道車，在滿滿霓虹燈光與音樂的隧道中送你抵達對岸陸家嘴，單程￥50，說起來有點貴，但是能節省很多腿力喔！

David的貼心提醒！

許多實際坐過觀光隧道列車的人，都認為不值得花這個錢，其實，走回南京東路站再坐一站地鐵到達陸家嘴站，或是搭渡船，是一樣方便的。

兩種過江方式比一比

一般遊客David都建議感受一下搭渡輪橫渡黃浦江，兩岸景致盡收眼底。如果是有帶小朋友同行，或是想節省體力的遊客則可以搭乘觀光隧道，具有聲光效果，且能直達陸家嘴景點。

有些景致在船上才能拍到

遊賞去處

坐船是最佳渡江方式

金陵東路渡口

MAP P.95 / D3
3號出口
步行約35分鐘

DATA

✉上海市中山東二路外灘127號 💲￥2

如果你把外灘建築群從北向南看完一遍，想到對岸浦東陸家嘴去，除了觀光隧道，David建議你直接從金陵東路渡口坐船到對岸，價格才￥2元，體驗看看如同台灣高雄旗津的渡船，價格又便宜、又有意思，至於下船點在東昌路口，是濱江大道的尾段。

遊賞去處

乘船欣賞黃浦江兩岸美景

黃浦江遊船

MAP P.95／D3
7號出口
步行約35分鐘

DATA

✉上海市中山東二路481號「上海黃浦江遊覽票務中心」取票上船 ☎(021)6173-7983 🕐11:30～21:00(每20～60分鐘一班船)

　　來到外灘欣賞美景的同時，你一定也看到黃浦江上往來的遊船，這才是作為遊客體驗黃浦江風光的最佳方式啊！江上有許多不同公司經營的遊船，價位大概在90～120人民幣。由於登船在「十六鋪碼頭」距離較遠，建議慢慢沿著江邊散步前往。

　　遊客可以現場購票，或是在台灣時就線上購票(較便宜)，時間到了去中山東二路481號的「上海黃浦江遊覽票務中心」取票上船，整段船程大約40～60分鐘，路線基本都是：十六鋪碼頭、陸家嘴、環球金融中心、金茂大廈、上海中心、東方明珠、楊浦大橋、北外灘、白玉蘭廣場、外白渡橋、人民英雄紀念碑、外灘、萬國建築群，最後回到十六鋪碼頭。

　　隨著船隻在黃浦江上緩緩移動，清風徐徐吹來，兩岸一邊是租界時代的老建築，一邊是最現代化的高樓大廈，特別是外牆上的燈光秀：「I♥SH」、「Hi，魔都」、「I♥儂」，令人莞爾的字句告訴你：我們正在上海，這風景真的好拍的不得了，對遊客來說是非常值得來體驗看看的內容

1我愛上海的燈光秀 **2**夜間搭乘遊船是最棒賞玩外灘的方式
3陸家嘴的高樓建築群 **4**著風看著景，這裡是上海

David的貼心提醒！

■ 出發前就線上預訂船票較便宜，請掃碼訂購。

■ 你也可以在參觀東方明珠塔的時候，直接買含東方明珠遊船的票(注意：這個的出發碼頭與本篇不同)。

購物血拼

日系老字號百貨進軍上海

新世界大丸百貨

MAP P.95 / C2

7號出口
出站即達

DATA

✉上海市南京東路228號 ☎(021)6978- 8888 🕐10:00～22:00

　　新世界大丸百貨是與日本老字號大丸松坂屋百貨合作的高端精品百貨公司，2015年正式開業，商城內雲集了眾多高端品牌，包括GUCCI、Tiffany & Co、Bottega Veneta、Salvatore Ferragamo、Burberry等奢侈品牌，質感不同凡響。

購物血拼

豪華的歐洲古典建築

永安百貨

MAP P.95 / A3

4號出口
步行約5分鐘

DATA

✉上海市南京東路635號 ☎(021)6322-4466
🕐10:00～22:00

　　成立於1918年，近百年屹立不搖，當年上海4大百貨之一，它的外觀非常豪華隆重，是歐洲古典主義風格，同時中央頂部還有一座塔樓，整個建築體現了當年上海最風光的百貨風采，目前是文物保護單位。

休閒娛樂

紐約爵士經典獻聲外灘

林肯爵士樂
上海中心

MAP P.95 / C2

7號出口
步行約3分鐘

DATA

✉上海市黃浦區南京東路139號美倫大樓4層 ☎(021)6330-9218
💲平均消費￥250

　　殿堂級的「紐約林肯爵士樂中心」成立於1987年，是許多人到紐約絕不會錯過的地方，現在他們把唯一的海外中心設在上海，就坐落在繁華的南京東路歷史老建築內。

　　現在我們可以享受到正宗來自美國的純正的爵士樂表演，入場費用220人民幣，現場另外銷售簡單的餐飲與酒水，來上海外灘感受一晚爵士夜吧！

1 林肯爵士樂上海中心提供良好的演出聆聽空間、來自美國的正宗爵士演出

外灘三號

MAP P.95 / D3
3號出口
步行約30分鐘

DATA

✉上海市中山東一路3號

外灘三號建立於1916年，新古典主義風格，目前1樓為中國品牌的金伯利鑽石，樓上則有相當豪華的美食餐廳。

外灘三號是上海時尚與美食的代名詞
(照片提供／外灘三號)

特色美食

米其林一星餐廳

Jean-Georges

DATA

✉位於外灘三號的4樓 ☎(021)6321-7733
💲平均消費￥1,000

上海Jean-Georges是世界名廚Jean-Georges Vongerichten在紐約之外首間以其名字命名的餐廳。大膽運用亞洲風味香料、疊加味覺層次的組合、新鮮蔬菜與草本香料調和的醬汁與調料，共同演繹不凡的廚藝精髓，如此優異的味覺饗宴，也讓上海Jean-Georges，年年獲得米其林星級評鑑。難得來到上海，David強烈推薦造訪用餐，外灘百年建築、世界頂級名廚、無敵黃浦江景、米其林星星，一次滿足！

以上照片提供／Jean-Georges

特色美食

天才廚師的私房手藝

三號黃浦會
Canton Table

DATA

✉位於外灘三號的5樓 ☎(021)6321-3737
🕐11:30～14:40、17:30～23:00 💲平均消費￥500

三號黃浦會將粵式餐廳的雍容雅致與上海灘的海派文化精神相結合，讓兩地的特色風格互相融合激盪，形成獨特的料理風味，你將能感受到不可思議的兩種風情在口中交會。

行政主廚文國雄其外祖父是當時廣州四大酒樓榜首【大三元酒家】的點心師傅，從小跟隨外祖父學習拿手的「順德菜」，對於粵菜有相當深刻的感情與認識。這裡的桌菜適合人多點菜，可以一次享受到主廚經典的菜肴。

外灘十八號

MAP P.95 / D2

3號出口
步行約15分鐘

DATA

http www.bund18.com 📧 上海市中山東一路18號

外灘十八號樓建立於1923年，此樓在2006年榮獲《亞太文化遺產保護大獎》，樓上有著相當經典的高級美食餐廳，想要坐擁外灘美景與美食，不妨奢華一回吧！

與3號分庭抗禮的外灘18號

特色美食 頂級的新法式料理

Mr & Mrs Bund

DATA

http www.mmbund.com 📧 位於外灘十八號的6樓 📞 (021)6323-9898 🕐 晚餐：週一～日17:30～22:00；早午餐：週五～日11:30～14:30 💲 晚餐￥900、早午餐與宵夜￥500

法籍主廚Paul Pairet操刀，他是一位遊歷全世界的創意料理廚師，強烈的個人風格與原創特色，卻不拘泥於傳統法式料理的「標準流程」，把薑、

醬油、檸檬草等本不屬於的法式料理的元素加入他的料理之中，形成了更受饕客喜愛的新法式料理！同時這裡還能享用到32種可以單杯點用的葡萄酒喔！

1主廚推薦的照燒長小排，由照燒、橙汁、蒜瓣佐味而成(照片提供／外灘18號)

(照片提供／Mr & Mrs Bund)

休閒娛樂 外灘最佳視野露台酒吧

KEV

DATA

📧 上海市中山東一路十八號7樓 📞 (021)383-3657 🕐 20:00～02:00

外灘18號樓頂露台，絕對是最佳景觀平台，目前因為KEV酒吧進駐而爆火，KEV是千電子伏特的縮寫，代表強力電流，化身酒吧以大紅色調的主視覺，注入爆炸能量，點燃上海頂流夜生活！露台區無敵的景觀搭配特調的雞尾酒，你的上海之旅一定不能錯過微醺的感覺，每週三、四女士之夜，女士雞尾酒買一送一，小資女生遊客請好好把握！

遊賞去處

百年禮查飯店變身博物館

中國證券博物館

MAP P.95／D1
7號出口
步行約25分鐘

DATA

✉上海市虹口區黃浦路15號 ☎(021)6324-6332 🕐09:30～16:00
🚫週一 💲免費參觀

　　當你走過外白渡橋，在橋畔會看到一座莊嚴大氣的建築物，這裡是新開的中國證券博物館。這建物原來是一間擁有超過百年歷史的浦江飯店(舊稱禮查飯店)，其歷史最早可以推到1846年，這間飯店意義重大，因為以下上海最重要事件都是發生於此：中國第一盞電燈在此亮起、上海第一個使用自來水處、中國第一部電話在此接通、西方半有聲電影首次播放。

　　現如今卸下了飯店的工作，變身為證券博物館，展出中國證券的發展歷史，裡面有許多珍貴的資料與文物，不論你是要來看老建築內裝，或是來看博物館展出內容，都非常精采！看完之後還能一路沿著蘇州河漫步到天潼路站，繼續上海行程。

1前身是超過百年歷史的浦江飯店 2老建築內部非常美
3許多珍貴的證券文物展出

特色美食

全球最划算的米其林二星

喜粵8號

MAP P.95／C2
7號出口
步行約5分鐘

DATA

✉上海市南京東路130號美倫大廈5樓501 ☎(0216330-8217
🕐11:00～14:00、17:00～21:00

　　喜粵8號是全世界最低價米其林二星餐廳，性價比頗高，其南京東路店就在外灘中央廣場中的美倫大樓內，座位採用類包廂形式，像是香港的街邊早茶店。

　　料理部分，先來份「老火靚湯」，別看這湯才一小杯，以茶樹菇及老雞燉煮的雞湯，入口真是濃郁到猛點頭，所有精華都被熬到湯裡，不但好喝而且還暖胃；再來推薦燒味雙拼，一次享用兩種粵式美味；鮮果脆皮咕咾肉外衣用番茄及水果香提味，吃起來偏甜的口感，很小巧有意猶未盡的感覺。

　　所有料理都在水準之上，結帳價格也不誇太誇張，是用最合理金額收下兩顆米其林星星的餐廳！

1燒味雙拼一次雙口味 2鮮果脆皮咕咾肉小巧精緻

台商太太最愛的本幫菜
特色美食

上海姥姥

MAP P.95/D3
3號出口
步行約20分鐘

DATA

✉上海市福州路70號(近外灘，四川中路口)
☎(021)6321-6613 💲平均消費￥100

　　備受旅居上海台商太太們的推崇，一方面鄰近外灘、又是道地本幫菜、價格又合理，成為招待台灣朋友的優選之一，招牌菜有姥姥紅燒肉、椒鹽豬手、蒜蓉焗中蝦，店裡的老外朋友也不少，外灘行尾聲，不妨在此用餐。

昔日老報館重獲新生
特色美食

申報館The Press

MAP P.95/C3
4號出口
步行約5分鐘

DATA

✉上海市漢口路309號申報館1樓 ☎(021)5169-0777 💲平均消費￥110

　　上海的簡稱為「滬」或「申」，而上海最早的報紙就是「申報」，1872年4月30日創刊，跨越晚清、北洋政府、國民政府3個政治時代，在1949年停刊。

　　現在就在申報舊館原址，由一群復旦大學校友籌資，開了一家餐廳兼咖啡店。這座新古典主義風格的建築，是在1916年拆除了原木結構的兩層老樓，重建而成。帶點工業風的設計，老牆體上的申報館字樣搭配黑白照片，線條與配色分明的視覺感，這一區同樣給人新舊潮流交會的感覺。

　　這裡提供西式的餐點與咖啡、甜品，不論是來吃個Brunch或是下午喝個咖啡都很有意境，在百年老建築裡，欣賞桌上的活字印刷，飲著咖啡，望著窗外的上海街景，這時空交錯的感覺最是無價。

強烈的老上海風格爵士樂
休閒娛樂

和平飯店爵士吧

MAP P.95/D2
3號出口
步行約8分鐘

DATA

✉上海市黃浦區南京東路20號和平飯店1樓 ☎(021)6321-6888
🕐19:00～01:00 💲平均消費￥250

　　這個爵士酒吧堪稱上海傳奇之一，成立於1980年，演出者都是一頭花髮的老先生，由於他們的演出，使得老年爵士酒吧在1996年獲選世界最佳酒吧之一！連許多的政治名人、總統都曾是座上嘉賓，目前也是許多懷舊遊客指定要來感受的酒吧之一。演出內容也不是黑人爵士，而是老上海風格強烈的爵士音樂，完全會有一種把你帶回昔日租界上海的感覺喔！

1這裡也能點到特色調酒 2爵士酒吧的環境(圖片提供／和平飯店)

2號線
Line 2

上海的金融中心重鎮地帶

陸家嘴站
Lujiazui

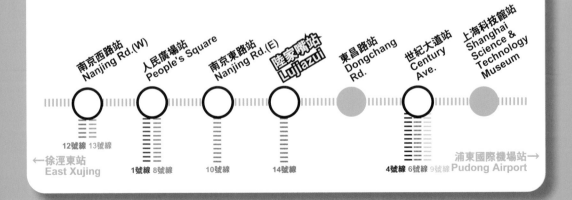

南京西路站 Nanjing Rd.(W)	人民廣場站 People's Square	南京東路站 Nanjing Rd.(E)	陸家嘴站 Lujiazui	東昌路站 Dongchang Rd.	世紀大道站 Century Ave.	上海科技館站 Shanghai Science & Technology Museum

12號線 13號線

1號線 8號線　　10號線　　14號線

4號線 6號線 9號線

←徐涇東站
East Xujing

浦東國際機場站→
Pudong Airport

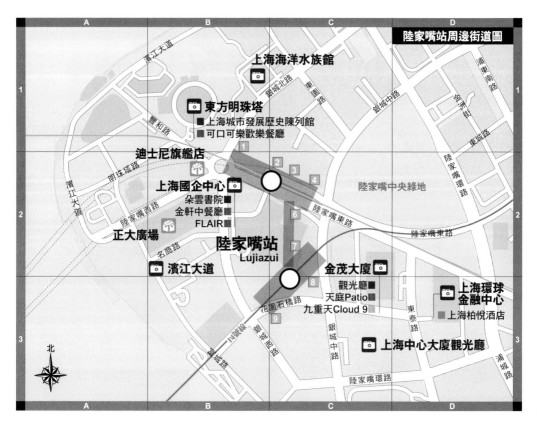

陸家嘴站周邊街道圖

上海海洋水族館

東方明珠塔
- 上海城市發展歷史陳列館
- 可口可樂歡樂餐廳

迪士尼旗艦店

上海國企中心
- 朵雲書院
- 金軒中餐廳
- FLAIR

正大廣場

陸家嘴站
Lujiazui

濱江大道

金茂大廈
- 觀光廳
- 天庭Patio
- 九重天Cloud 9

陸家嘴中央綠地

上海環球金融中心
- 上海柏悅酒店

上海中心大廈觀光廳

北

陸家嘴站有「東方曼哈頓」之稱，這裡有上海最高的4大建築：上海環球金融中心、金茂大廈、東方明珠塔、上海中心，高樓林立與對岸外灘的萬國建築隔著黃浦江遙遙相望，恰似展示著兩個各顯風華的時代。

在上海，以黃浦江為界，以西稱為「浦西」，以東稱為「浦東」，在過去浦東的發展遠遠不如浦西，然而在上海決心將浦東打造為亞洲金融中心後，一連串的建設給予了浦東全新的面貌。陸家嘴作為浦東第一站，成功地吸引了大量的國內外金融機構進駐，當你從外灘遠望陸家嘴的高樓群時，如何能夠想像10多年前，那裡還只是荒地與低矮樓房呢？

David的貼心提醒！

本站高樓林立，4大高樓各有千秋，有空的話可以擇一登樓賞景。

上海達人 *Shanghai*
3大推薦地

👍 在地內行推薦
正大廣場

浦東最大的百貨商城,可以買到所有台灣缺少的世界級平價流行服飾品牌,餐飲數量也最齊全,可以好好逛逛。(見P.119)

👍 作者最愛
上海環球金融中心

登高而小天下,世界上目前最高的觀光設施——環球金融中心觀光廳,離地492公尺的震撼與美景,你豈能錯過!(見P.115)

👍 觀光客必訪
東方明珠塔

上海的地標建築物,所有與上海相關的文宣、照片大概都會以東方明珠塔的形象作為上海的標誌,沒親眼一見等於沒來到上海。(見P.118)

遊賞去處

盡覽萬國建築景致
濱江大道

MAP P.113 / B2
2號出口
步行約6分鐘

DATA

✉ 浦東世紀大道88號　🕐 全天開放

濱江大道隔著黃浦江與對面的「萬國建築博覽會」建築遙遙相望,夜裡,從這條大道看對面的老建築群,由於距離足夠可以一眼望盡,所以這裡永遠有手持專業相機取景拍照的人群。濱江大道沿岸有步道、腳踏車道,一路延伸北段、南段,如果時間足夠的遊客可以漫步黃浦江畔,看看江景也瞧瞧上海最貴的江景豪宅群,同時這裡聚集了許多咖啡店與餐廳,由於景致搶眼,建議找個舒適的環境坐下來小憩一番。

濱江大道遙望外灘建築群是最遼闊的

遊賞去處

全世界最大的開瓶器

上海環球金融中心

MAP P.113／D3

6號出口
步行約5分鐘

DATA

http www.swfc-observatory.com ✉上海市浦東世紀大道100號(觀光廳入口位於東泰路) ☎(021)6877-7878 ⏰08:00～23:00(22:00停止入場) ⑤￥120(94層)、￥180(94、97、100層)

　　上海環球金融中心在2008年正式完工並對外開放，當年以492公尺的高度，獲得「滬上第一高度」之稱，上面的觀光廳也曾是世界最高的人造觀景台。因為它的造型，我們總是戲稱上海環球金融中心為「開瓶器」，沒想到還真的以大樓的造型設計了精緻的開瓶器紀念品。

　　開始登樓之前，會有一段「上海之門」的裝置演示，利用太陽月亮的起落顯示日夜，以動態來顯示上海的景觀。在電梯口等待時，頭頂會顯示高速下降中的電梯目前距離地面的高度，電梯內同樣有著多媒體視覺與音效演出，66秒瞬間上升，要把你送到世界之巔！94樓是觀光大廳，面積約750平方公尺，樓層淨高8公尺，居高臨下，上海景色一覽無遺。

　　97樓則是「觀光天閣97」，猶如懸浮在半空中的天橋，開放式的玻璃頂棚，讓你可以呼吸到上海最高空的空氣。100樓為「觀光天閣100」，高度474公尺，長達55公尺的長廊，布有3條「透明玻璃地板」，讓遊客感受「凌空行走」的刺激感！

　　建議晚上前來，浪漫指數百分百，上海城市的燈光絢麗一覽無遺！

1️⃣全世界最大支的「開瓶器」2️⃣終於到達100樓，站上世界之巔
3️⃣電梯接近時開始顯示距離地面高度(以上照片提供/上海環球金融中心)

遊賞去處 中國第一高樓橫空出世

上海中心大廈觀光廳

MAP P.113 / C3
6號出口
步行約3分鐘

DATA

✉上海市浦東新區陸家嘴銀城中路501號 ☎(021)3383-1088 💲平均消費￥200

上海中心大廈是目前中國第一、世界第二高樓，共有地上127層、地下5層，總高度達632公尺。除了高度第一，它的造型也很美，以圓角三角形的外型，連續120度緩緩螺旋上升，加上透明的玻璃帷幕，形成了美麗的上海新地標。

觀光廳位於118、119層，你會搭乘目前世界上最快的電梯，僅用55秒就把你送上天空之巔，由於是中國最高樓，所以沒有任何建築物可以阻擋你的視角，360度都是美景！唯一遺憾的是現場的燈光設計不佳，晚上來想要拍景色會有玻璃反光，可以考慮白天來欣賞。

1夜間的上海中心，如同玻璃水晶般的美麗 **2**360度無遮蔽的夜景 **3**天氣好可以看到無限遠的大上海

遊賞去處 在雲裡品書香，全球最高書店

朵雲書院

MAP P.113 / B2
6號出口
步行約3分鐘

DATA

✉上海中心52樓 ☎(021)6199-9766 🕐10:30～20:00(需微信預約參觀)

你一定不能錯過來看看全世界最高的書店！就位在上海中心52樓，書店是以「雲端山水」的意境來設計，整個白色系帶來良好舒適的視覺感，利用拱型設計代表山水意境，讀者們可以這裡穿梭，品味書香。同時這裡也有咖啡廳，不論是來喝杯咖啡、吃個下午茶，都附贈無敵景觀，很超值喔！

1全世界最高書店以白色系呈現 **2**角落有咖啡廳可以咖啡配美景

遊賞去處

節節高升的獨特建築

金茂大廈

MAP **P.113／C2**

6號出口
步行約3分鐘

DATA

📧浦東世紀大道88號

金茂大廈曾是中國第一高樓，後來被隔壁的環球金融中心取代，但是其特殊的造型設計與高度仍不容忽視，以中國「寶塔」作為設計初衷，節節高升的金屬質感，豔陽下銀色的金屬光芒，在在都顯示其獨到的建築工藝。

金茂大廈88樓

觀光廳

DATA

📞(021)5047-5101 🕐08:30～21:00 💲￥120

位於金茂大廈第88樓是觀光廳，電梯在45秒之間把你送到離地340公尺處。由於旁邊的上海中心大廈搶走「第一高度」的風采，參觀的人潮會相對較少，不想花太多時間排隊的人可以選擇這裡。

金茂大廈56樓

天庭Patio

DATA

💲平均消費￥140

金茂君悅的另外一個重要特色點！位於56樓的天庭，中庭仰望可以直通樓頂，視覺震撼十足，他們所供應的咖啡與提拉米蘇很受好評。

走進天庭，抬頭就是令人震撼的超高挑空設計

金茂大廈87樓

九重天Cloud 9

DATA

💲平均消費￥140

David推薦你直接來這裡！與觀光廳只有一層之差，全世界最高的酒吧之一，臨窗的座位同樣可以享受居高臨下的上海美景，點上一杯咖啡或雞尾酒，舒舒服服地坐著欣賞美景，也是相當愜意的選擇！提醒你，要到87樓九重天必須轉換3次電梯，你可以先坐到54樓大廳，然後搭電梯到56樓參觀挑高33樓的中庭，然後再上樓。

只差一層樓，不如選擇可以坐下喝一杯的87樓

世界第三高的電視塔

東方明珠塔

遊賞去處

MAP P.113／B1
2號出口
步行約3分鐘

DATA

🌐 www.orientalpearltower.com ✉上海市浦東世紀大道1號
📞 (021)5879-1888 💲 ￥199～368(二球聯票＋不同組合)

作為「上海地標」東方明珠塔，有著與台北101一樣的城市地位，從中國或全世界各地前來的遊客，如果不到東方明珠塔逛逛就像是沒有來過上海一樣。塔高468公尺，是世界第三高的電視塔，僅次於加拿大多倫多市與俄羅斯莫斯科市。

東方明珠塔共分為3個球體：下球體、上球體、太空艙。「下球體」直徑50公尺，高度在68～118公尺之間；「上球體」直徑45公尺，高度在250～295公尺之間，有亞洲最高的旋轉餐廳；「太空艙」直徑14公尺，高度在335～349公尺之間。從球體往下俯瞰上海非常有視覺效果，其中一面玻璃上還標上了距離台北與高雄的公里數，由於上海時常都處於一種灰濛濛的空氣中，如果你要登高建議選擇豔陽高照的日子，能見度較高。

又是透明地板，太刺激了啦

東方明珠塔1樓

上海城市發展歷史陳列館

DATA

💲 ￥35

位於東方明珠塔1樓，5大主題分別呈現上海發展樣貌：城廂風貌、開埠掠影、十里洋場、海上舊蹤、建築博覽，以聲光、蠟像、模型、實物來呈現，彷彿讓你回到舊上海的街道、時光之中，很有意思。

1以前是這樣燙頭髮的，這讓我想到了「包租婆」，哈
2以模型呈現上海昔日繁華的街景

遊賞去處

亞洲最長的海底隧道
上海海洋水族館

MAP P.113 / B1
2號出口
步行約5分鐘

DATA

🌐www.sh-soa.com ✉上海市浦東新區陸家嘴環路1388號 ☎(021)58 77-9988 🕐09:00～18:00(暑假、春節到21:00) 💲大人￥160，兒童￥110

　　上海海洋水族館是亞洲最具規模的水族館之一，其中最為人津津樂道的當然是它那長達155公尺、號稱亞洲最長的海底觀光隧道，人在其中彷彿真的被海底世界包圍，看著珍稀魚群穿梭身旁，人也感覺輕飄飄了。

　　主題區分為：中國、南美、澳洲、非洲、東南亞、冷水區、南極區、海岸區、深海區等，擁有各區域的特色海洋魚種，中國國寶級的揚子鱷、中華鱘、活化石的馬蹄蟹、造型奇異的海龍等各種海洋生物，在水族館內都能見到其芳蹤。

海底隧道與水母最受遊客青睞

購物血拼

吃喝買逛應有盡有
正大廣場

MAP P.113 / B2
2號出口
步行約5分鐘

DATA

✉上海市浦東新區陸家嘴西路168號 ☎(021)6887-7888

　　正大廣場坐擁優異的位置，曾經是浦東最大的商城，你會發現商城門口有四面佛像，因為這個商城就是泰國正大集團投資興建的，商城內部空間龐大，對遊客來說最大的好處就是美食餐廳很多，部分餐廳還擁有江景位置，在陸家嘴的行程可以將用餐安排在此，推薦：港式的港麗餐廳、新疆菜的耶里夏麗、西北菜的西貝莜面村、杭州菜的桂滿隴、蘇式的和府撈麵，這裡通通找得到！

購物血拼

米奇老鼠與他的好朋友們

迪士尼旗艦店

MAP P.113／B2

1號出口
步行約8分鐘

David的
貼心提醒！

迪士尼旗艦店全店禁止拍照。

DATA

📧上海市浦東新區豐和路180號 📞(021)5876-6666 💲平均消費¥350

　　亞洲最大的迪士尼旗艦店！由零售區與主題戶外廣場組成，占地廣達5,000平方公尺！所有你想得到的迪士尼商品這裡統統有！雖然是商店，但是布置卻像是一個展場一樣，讓購物的心情也變好了，大人小孩都一定會瘋狂的！

　　米奇家族、美國隊長、鋼鐵人、綠巨人、星際大戰、汽車總動員、冰雪奇緣……所有你知道的卡通人物都在這裡以各種不同形式的方式等待著你開啟荷包帶他們回家。(本篇照片提供／迪士尼旗艦店)

1 購物空間是如同童話般的場景
2 迪士尼全系列卡通人物都在這
3 星際大戰迷也能找到相關商品

特色美食

全球首家可口可樂主題餐廳

可口可樂歡樂餐廳

MAP P.113／B1

1號出口
步行約6分鐘

DATA

📧上海市浦東新區世紀大道1號東方明珠塔8號門
📞(021)5876-6666 💲平均消費¥187

　　今天要介紹的這家餐廳，也可以歸類為景點，因為它是全世界第一家，也是目前全球唯一的一家「可口可樂餐廳」！整個環境都圍繞著可口可樂主題，許多難得一見的可樂裝飾、收藏品、公仔、遊戲區等等，絕對讓可樂迷驚豔！

　　這裡目前是「自助吃到飽」的餐廳，成人價格約¥199，可以暢食日式料理、北京烤鴨、麵食、港式燒臘、壽司、生魚片、馬來西亞娘惹糕、牛排、沙拉、PIZZA等眾多料理，想要表達的應該就是可樂是所有美食的好搭檔吧！建議購買與東方明珠景觀台的聯票，價格比較優惠，吃飽上樓看美景是很好的安排。

1 吃飽喝足再上樓看美景 2 這裡其實販售各國的料理 3 可口可樂相關的物品很多，彷彿是個博物館

特色美食

純正粵味在雲端

金軒中餐廳

MAP P.113 / B2
6號出口
步行約5分鐘

DATA

✉上海市世紀大道8號上海國金中心麗思卡爾頓酒店53樓
☎(021)2020-1717 💲平均消費¥1,300

　　位在53樓的金軒中餐廳，是一間主打地道粵菜的「雲端餐廳」，不但坐擁絕佳的高樓景觀，在環境的設計上也費盡心思，香港設計師梁志天操刀，將空中環境與上海美景融合一體，餐廳內最壯觀的當屬整面牆體的中國十大傳世名畫《韓熙載夜宴圖》，在如此高雅的環境中享用美食真是一大享受！

　　菜品的料理上同樣體現了主廚的用心，以對應菜色的茶品來輔助味覺，結合了法式元素、當地食材與粵式料理手法，讓每一道上桌的料理在視覺上賞心悅目、味覺上精采絕倫，招牌的金絲麥片龍蝦球、黑椒和牛粒都是招牌必點，米其林星星的水準果然不凡。

　　如果是人數少的遊客，也可以考慮選擇午間套餐，價格在480人民幣起＋15%(兩位起訂)，可以體驗到7道式的佳餚，是划算的摘星撇步喔！

1 金軒的位置坐擁高樓景觀 **2** 脆麥龍蝦球
(圖片提供 / 金軒中餐廳)

特色美食

浦東最佳景觀空中酒吧

FLAIR

MAP P.113 / B2
6號出口
步行約5分鐘

DATA

✉上海市世紀大道8號上海國金中心麗思卡爾頓酒店58樓 ☎(021)2020-1717 🕐下午茶：14:00～17:00(週五～日)、晚餐及酒吧：17:30～02:00(週一～日) 💲平均消費¥400

　　來到上海如果能夠在最佳位置吹吹風欣賞江景，豈不美哉？於是黃浦江兩岸的餐廳、酒店都提供了江景的座位，而在眾多江景位置中，位在浦東麗思卡爾頓58樓的FLAIR頂層餐廳酒吧無疑是最受到青睞的！因為他是目前上海最高的露天餐廳啊！堪稱上海最佳景觀餐廳！

　　預算足夠的遊客可以預訂用餐，而David推薦小資女生可以來品味下午茶，在露天的最佳景觀位置中，吃著甜品看著上海風光打個卡，超讚！至於想欣賞夜景的遊客，則推薦晚上來喝杯小酒欣賞夜景，這裡的環境像極了曼谷最美的空中酒吧Sirocco & Sky Bar，可以居高臨下欣賞整個城市的美。

1 FLAIR的空中景觀是浦東最佳角度 **2** 不喝酒的人選擇下午茶也超棒的喔、限時推出的璀璨之都下午茶 (圖片提供 / FLAIR)

2號線
Line 2

此頁照片提供／東方藝術中心

參觀展出、買A貨都在本站

上海科技館站
Shanghai Science & Technology Museum

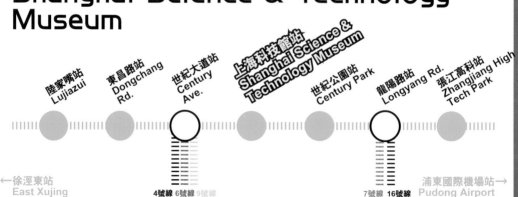

陸家嘴站
Lujiazui

東昌路站
Dongchang Rd.

世紀大道站
Century Ave.

上海科技館站
Shanghai Science & Technology Museum

世紀公園站
Century Park

龍陽路站
Longyang Rd.

張江高科站
Zhangjiang High Tech Park

←徐涇東站
East Xujing

4號線 6號線 9號線

7號線 16號線

浦東國際機場站→
Pudong Airport

上海科技館站周邊街道圖

楊高中路站
Yanggao Rd.(M)

大拇指廣場

東方藝術中心

上海圖書館(東館)

迎春路站
Yingchun Rd.

陸家嘴中央綠地

亞太盛匯廣場

上海科技館

世紀公園

上海科技館站
Shanghai Science &
Technology Museum

世紀公園站
Century Park

北

遊賞去處

適合親子同遊的科學影城
上海科技館

MAP P.125／A3

7號出口
步行約2分鐘

DATA

✉上海市浦東新區世紀大道2000號　☎(021)6862-2000
🕐週二～日09:00～17:15　休週一　💲大人￥60，學生票￥45

　　比較適合青少年或是親子參觀，館內設有地殼探祕、生物萬象、智慧之光、兒童科技園、視聽樂園、設計師搖籃、地球家園、資訊時代、機器人世界、探索之光、人與健康、宇航天地等12個常設展區；並有巨幕影院、球幕影院、四維影院與太空影院，他們組成了迄今為止亞洲規模最大的科學影城，年放映量可達到8,000個場次。

遊賞去處

蝴蝶蘭花瓣的特殊外型

東方藝術中心

MAP P.123／A2
1號出口
步行約5分鐘

DATA

✉上海市浦東新區丁香路425號 ☎(021)6854-1234

　　千萬不要忘了出站看看「東方藝術中心」，這個擁有「蝴蝶蘭花瓣造型」的建築，是由打造法國戴高樂機場的保羅‧安德魯所設計，結構與內部空間布局都很有特色，同時也經常邀請世界級的單位前來演出，每月第一個週日上午10:00～12:00，還有免費的參觀活動，此外，內部還有一個上海八音盒珍品陳列館，也是相當有看頭的喔！

1光線與支架的應用，突顯了設計師對結構美的堅持 **2**歌劇廳，常年都有知名團體的演出 (以上照片提供／東方藝術中心)

遊賞去處

上海最大的綠地公園

世紀公園

MAP P.123／C3
5號出口
步行約5分鐘

DATA

✉上海市錦繡路1001號 ☎(021)3876-0588
🕐07:00～18:00 💲￥10

　　占地達140.3公頃，是上海市內最大的公園，從上海科技館站處設有入口可以進入，整個公園除了綠化、森林、湖泊之外，還有鄉土田園區、湖濱區、疏林草坪區、鳥類保護區、異國園區和迷你高爾夫球場等7個景區。

相當於台北的大安森林公園，是上海最大的綠化區塊

遊賞去處

上海最美圖書館

上海圖書館 (東館)

MAP P.123 / B2
3號出口
步行約5分鐘

DATA

✉ 上海市浦東新區合歡路300號 📞 (021)6445-5555
🕐 09:00～20:30(週一13:30～20:30)

　　來到上海也應該感受這座城市在市民設施上的規畫，比較看看兩岸城市的遠見，各位可以來參觀號稱浦東5大世界級地標之一的上海圖書館東館！全新的上海圖書館東館，是目前中國單體面積最大的圖書館，總建築面積達11.5萬平方公尺，地上七層地下兩層，由丹麥SHL建築事務所設計，以開放、友好、簡約做為主軸設計，當你從地鐵站前往的時候，就會發現它的外觀有如一塊璞玉，恰恰坐落在世紀公園這片大綠地上。

　　館藏部分有中外文獻5,700萬冊，其中包括古籍善本、名家手稿等珍貴文物。做為遊客，可以來感受一座城市公共設施的規畫建設、市民的閱讀習慣、前瞻的城市設計，知己知彼更能刺激自己的進步。

1 館藏一些特色孤本也值得一看 2 上海圖書館東館外觀幾何形狀 3 中庭採貫通設計

購物血拼

品質不一，尋寶要小心

亞太盛匯廣場

MAP P.123 / B3
3號出口
在地鐵站內

DATA

✉ 上海市浦東新區東世紀大道2002號(在地鐵站內)

　　似乎真正吸引人的並不是上海科技館，而是地鐵下的「亞太盛匯廣場」，因為這裡的店家有很大一部分是從曾經以賣仿冒名牌聞名的「襄陽市場」遷移過來的，於是乎，許多熱中此道的遊客們也都來此尋寶。可以看到老外一袋袋地採購，每家店的老闆英文都很「練凳」，真是環境造就能力啊！

　　同時要提醒你A貨品質不一，沒有好眼力還是別碰為妙，另外沒有購買意願就不要輕易詢價，以免糾纏不清。David推薦：商城內的西服訂做，你可以自選布料，由老師傅為你量身訂製，還可以要求在袖口繡上你的英文名字呢！

與地鐵站結合，占地很大，什麼都買得到

3號線
Line 3

一窺老宅風情與名人故居

東寶興路站
Dongbaoxing Rd.

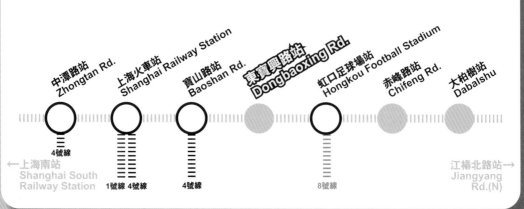

中潭路站
Zhongtan Rd.

上海火車站
Shanghai Railway Station

寶山路站
Baoshan Rd.

東寶興路站
Dongbaoxing Rd.

虹口足球場站
Hongkou Football Stadium

赤峰路站
Chifeng Rd.

大柏樹站
Dabalshu

4號線

←上海南站
Shanghai South
Railway Station

1號線 4號線

4號線

8號線

江楊北路站→
Jiangyang
Rd.(N)

東寶興路站周邊街道圖

內山書店 📷
甜愛路 📷
愛心郵筒 📷
多倫路文化名人街
孔公館 📷
白公館 📷
湯公館 📷
多倫路文化名人街 📷
博古齋 🎁
長春公寓 📷
景雲里 📷
沙遜樓群 📷
瑞茶陶 🍴
薛公館 📷
夕拾鐘樓 📷
富源春雞湯面 🍴
鴻德堂 📷
多倫現代美術館 📷
寶山路
橫濱路
張家濱
東橫濱路
海倫西路
四川北路
甜愛路
四川北路

1
東寶興路站
Dongbaoxing Rd.
2
寶源路
東寶興路
海倫西路
四川北路
東寶興路
寶源路
四川北路

北

東寶興路站屬地鐵3號線，與下一站的虹口體育場連成一個新的商業區塊，本區在地理上屬於虹口區，過去是公共租界，英美日分別占有一席之地，隨著大上海的發展，市區範圍日漸擴大，現在沿著四川北路發展出了商圈，其中又以東寶興路到虹口體育館兩站之間最為熱鬧。

本站的最大看點，就是有「一條多倫路，百年上海灘」之稱的多倫路名人文化街，這一條街上目前裝飾著文化名人的銅像、加上老建築與街兩側的古玩、玉器小店鋪，使得這裡成為上海的重要景點之一，當然，你也可以順道去魯迅的故居走走。

David的貼心提醒！

時間比較不足的遊客，3號線只要參訪多倫名人街就夠了。

除了名人的居所外，這裡也有深厚的上海民居感覺，那些把衣物掛到窗外的景致，正是上海老百姓的寫實生活。

上海達人 *Shanghai*
3大推薦地

作者最愛
長春路老建築

短短馬路，從北側「長春公寓」到南側「沙遜樓群」，有著英國風格的清水磚牆，大紅色的連排，感覺特別經典。(見P.131)

觀光客必訪
最甜蜜的一條街

上海最甜蜜的「甜愛路」就在這裡，兩側的樹木、塗鴉與浪漫的氣氛，帶著情人來走走吧！為愛情加分唷！(見P.132)

在地內行推薦
多倫路文化名人街

文化名人街兩側有許多的古玩店、奇石店和玉器店，如果你對這類東西感興趣，不妨趁此機會看看，也許可以掏到寶物喔！(見P.130)

以當代新銳藝術家爲主
多倫現代美術館

DATA

📧 上海市多倫路27號　🕐 週二～日10:00～18:00(17:30之後停止售票)　休 週一　💲 ¥10

單是建築的外型就給人一種新穎藝術的氣息，一如其名，現代美術館是以展出當代新銳藝術家作品為主，從裝置藝術、雕塑、攝影到繪畫都有，常常會令參觀者帶來驚喜，特別是中國新興的、有才氣的年輕創作者之作品。

P.127/C3
1號出口
步行約15分鐘

這裡展出的多是新銳作品

湯白孔薛老宅風情

4棟各有特色的老建築，娓娓訴說著4段不同的故事。

多倫路250號 孔公館
遊賞去處

MAP P.127/B1
1號出口
步行約20分鐘

　　這棟老房子正處在多倫路文化街的一個入口處，非常地氣派，是昔日四大家族之一的孔祥熙居所，屬於東方阿拉伯伊斯蘭建築風格，現在已成為一般居民居住的寓所。

多倫路66號 薛公館
遊賞去處

MAP P.127/B2
1號出口
步行約15分鐘

　　1920年由薛氏所建，至於「薛氏」到底是誰？我花了些時間也找不出答案，總之是個有錢人吧！如今的薛公館外觀顯得有些斑駁，門口庭院的立鐘，反而更搶鋒頭，吸引不少遊人拍照。

多倫路210號 白公館
遊賞去處

MAP P.127/B1
1號出口
步行約15分鐘

　　與湯公館同樣屬新古典主義建築，現在門口掛著軍醫院的牌子，是昔日白崇禧將軍曾居住過的宅第，據稱著名作家白先勇的童年就是在這裡度過的。

四川北路2023弄35號 湯公館
遊賞去處

MAP P.127/B1
1號出口
步行約20分鐘

　　法國新古典主義風格的建築，門口兩層樓高的科林斯柱式結構顯出它的尊貴氣勢，原來由國民黨司令長官湯伯恩所有。偶像劇《命中註定我愛你》中陳喬恩住處就是取景此處喔！

1薛公館建築本體令人有些失望，怎麼有些殘破呢 2當年四大家族之一的孔家，看孔公館建築就可見其財力 3把軍醫院設在白公館裡，究竟是一種怎麼樣的思考模式呢 4湯公館目前不對外開放

多倫路文化名人街

多倫路約500多公尺長，從兩邊的牌樓都可以進入，這短短的距離具有可看性的景點非常多，適合你花個半天的時間來好好逛逛。

多倫路59號 MAP P.127 / B3
1號出口
步行約15分鐘

鴻德堂

可以說是多倫路上最顯眼的建築了，若說它是基督教堂，卻又顯得如此「中國味」，建築本體頗有石城門的感覺，屋頂結構也是中式飛簷結構，這個融合中西文化為一體的建築，是在1925年由美國北長老會所出資興建的，現在是多倫路上的重要地標之一。

牌樓上的「海上舊里」，帶你進入上海的老式里弄之中

紅色十字架在青磚瓦的襯托下更加醒目

這一排民宅充滿上海風情

多倫路119號
夕拾鐘樓

MAP P.127／B2
1號出口
步行約10分鐘

魯迅名著《朝花夕拾》為鐘樓名稱的由來，鐘樓頂端有古鐘，是以青銅鑄造，樓高18.15公尺，樓體為紅磚造型，很有文人氣質，每當傍晚時分，鐘樓下就會聚集周邊住戶在此下棋，確是一番「夕拾」景象啊！

鐘樓的造型與多倫路的文化氣質一致

橫濱路35弄
景雲里

MAP P.127／B2
1號出口
步行約15分鐘

景雲里本是再普通不過的上海石庫門，2、30年代魯迅、陳望道、茅盾、葉聖陶、馮雪峰、周建人、柔石等人，在此從事創作、編刊、領導和組織革命文學活動，於是乎這裡成了真正的「文化名人巷」。David提醒你，注意這個景點是「往下看的」，所有的景致都在地面(哈，因為是文人腳印拓印嘛)！

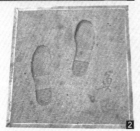

1景雲里因為住過太多文人而出名 2魯迅的腳印，排在景雲里入口第一位

長春公寓、沙遜樓群美不勝收
長春路老建築

MAP P.127／C2
1號出口
步行約10分鐘

DATA

✉ 上海市虹口區長春路

長春路是一條只有112公尺的短短馬路，但是馬路的兩邊卻有著兩排特色建築，畫面感十足！位在北側的是「長春公寓」建於1928年。南側則是「沙遜樓群」，有著英國風格的清水磚牆，大紅色的連排，感覺特別經典。

說到「沙遜」，他是知名的猶太商人，外灘的和平飯店，當年稱作沙遜大廈，就是他的產業之一。建議遊客可以花點時間走走這條有著英日租界風情的短短馬路。

1長春路兩側都是經典建築 2沙遜樓群的畫面感很強

上海最浪漫的一條馬路
甜愛路

MAP P.127／C1
1號出口
步行約10分鐘

DATA

✉ 上海市虹口區甜愛路

光是聽「甜愛路」這個名字，是不是就覺得很浪漫了呢？這條南起四川北路、北至甜愛支路，總長520公尺的馬路，被上海人譽為最浪漫的馬路！一路上有許多的彩繪塗鴉、高聳的樹木、特色的房舍。

傳說中，過去這裡有個田家莊，有位名為「田愛」的獨生女兒，才貌出眾。而她有個伴讀小童「祥德」，兩人兩小無猜一同長大，這段愛情故事傳為佳話，所以這裡不但有甜愛路，還有祥德路。在路口不遠處，還特別立了一座愛心郵筒，從這裡寄出的信是不是也特別浪漫呢？

■1甜愛路的起點 ■2愛心郵筒，還可以去蓋愛心郵戳喔
■3午後時分漫步甜愛路是最浪漫的

中國共產黨革命基地遺址
1927魯迅與內山紀念書店

MAP P.127／B1
1號出口
步行約25分鐘

DATA

✉ 上海市虹口區四川北路2056號 ☎(021)5666-0687 🕙10:00～21:00

內山書店是日本著名社會活動家內山完造，於1917年創立的進步書店，1929年起在目前的位置設立，20～30年代，內山書店是上海左翼進步書刊主要出售點，同時中日進步文化人士多在此交流，知名的人物有魯迅、郭沫若、郁達夫等人，此地過去也是中國共產黨的聯絡點，保護營救過魯迅等人，現在被上海公布為革命紀念地。

■1魯迅與內山完造 ■2轉角處的書局是革命基地
■3還原當年的書局功能

特色美食 彷彿進入時光隧道的老電影

瑞茶陶

MAP P.127／B2
1號出口
步行約12分鐘

DATA

✉ 上海市多倫路123號　📞 (021)5696-4763

　　位於夕拾鐘樓旁，門口的黑白電影照片與卓別林銅像訴說這家店的特色，門內周璇的歌聲伴隨著昏黃的燈光、老舊電影海報、電影明星照，再加上許多「老東西」，如留聲機、電影放映機、老時鐘和油燈等，讓你彷彿再次回到舊日的美好時光裡。

1 老洋房的味道很吸引人
2 所有的布置都很復古，早知道就穿唐裝來了
3 古老的放映機，我真的問過老闆可不可以賣給我

　　這裡過去是「老電影咖啡館」，如今經營權易手，變成主打茶飲的店家，衝著它在文化名人街上最好的位置、老洋房的味道、老電影的主題布置，下午時分點上一壺茶坐在窗邊發呆，或是打卡發發網美照片，都算是不辜負這條主題街道。

特色美食 躲在民宅巷內的小麵館

富源春雞湯面

MAP P.127／C3
1號出口
步行約10分鐘

DATA

✉ 上海市四川北路1906弄100號　📞 (021)5671-9385　💲 平均消費￥30

　　瞧！小小的里弄入口，要不是掛上了個招牌誰會知道裡面有美食呢？藉由來這裡用餐，還能順便穿梭里弄，感受一下真正上海人的日常生活！在入口處也同時把菜單掛出來了，所以可以先看看有沒有喜歡的選項。

　　富源春雞湯面最早創立於1958年，也是在虹口區的四川北路弄堂內，以優選的土雞熬製搭配手製麵條，平民美食深獲小老百姓的好評，隨著時間的推演，改良開發出更多口味，同時也精緻了門面。推薦試試招牌麵，用上了他們最自豪的散養土雞肉，加上雞肉熬煮的鮮雞湯，簡單的配菜與蛋絲，就構成了最平民卻也最受喜愛的一碗湯麵。

1 這是一家躲在里弄中的小麵館　2 招牌麵內有美味的土雞與湯頭

3號線
Line 3

以魯迅為主題的地區

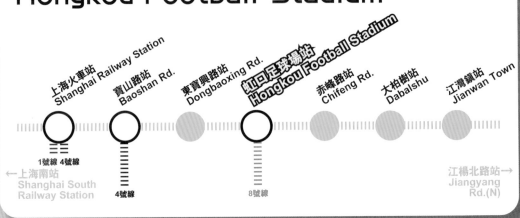

虹口足球場站
Hongkou Football Stadium

上海火車站
Shanghai Railway Station

寶山路站
Baoshan Rd.

東寶興路站
Dongbaoxing Rd.

虹口足球場站
Hongkou Football Stadium

赤峰路站
Chifeng Rd.

大柏樹站
Dabalshu

江灣鎮站
Jianwan Town

1號線 4號線

4號線

8號線

←上海南站
Shanghai South
Railway Station

江楊北路站→
Jiangyang
Rd.(N)

遊賞去處

欣賞荷花池畔的悠閒情趣

魯迅公園

2號出口
步行約10分鐘

DATA

✉上海市四川北路2288號　$免費

這一區的景點，主要圍繞著「魯迅」為重點。其中，魯迅公園占地28萬平方公尺，內有魯迅墓、魯迅紀念館、簡單遊樂設施、湖泊……等。傍晚時分在公園綠蔭之下，有彈琴小曲、寫生作畫、下棋運動的人，一派悠閒的情趣，而園內的蓮花池綻放的花朵也相當美麗。

魯迅紀念館

位於魯迅紀念公園內，目前採免費參觀。建築外觀保留了江南民居的特色，內部則展出魯迅的手稿、照片、文獻和遺物，以雕塑、多媒體、蠟像等多樣的型態來呈現一代文人的風采。

■1公園內的素描畫家，繪畫功力不錯喔 ■2可以感受到魯迅在中國的地位遠勝台灣

遊賞去處

典型上海新式里弄房

魯迅故居

2號出口
步行約20分鐘

DATA

✉上海市虹口區山陰路132弄9號(大陸新村9號)
☎(021)5666-2608　🕐週二～日09:00～16:00　$￥8

離開魯迅公園之後，可以順道沿著山陰路，一路散步到魯迅故居，這個藏於民居之中的新式里弄房，也是當年魯迅過世的地方，目前是開放參觀，但是不允許拍照，3層樓的房子保留了魯迅當年的生活起居用品，凡是購票參觀都會有一位解說員陪同講解。

故居內擺設著普通平凡的家庭器具，卻也更顯示出魯迅淡泊的人生觀，魯迅故居是典型的上海新式里弄房，如果你對昔日屋舍的內部結構感到好奇，可以注意一下它的結構與空間安排。

■1故居在此巷內，看起來還真是平凡無奇 ■2故居不讓參觀者拍照，因此只好提供外觀了

David的貼心提醒！

浪漫多倫路邊走邊逛

David建議你，若體力不錯，不妨沿著多倫路一路逛過來，這段路程也不算遠，腿力好的人可以當作散散步。

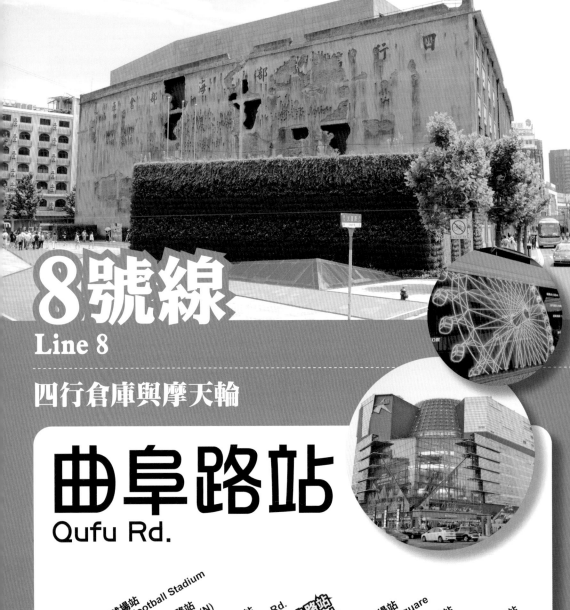

8號線
Line 8

四行倉庫與摩天輪

曲阜路站
Qufu Rd.

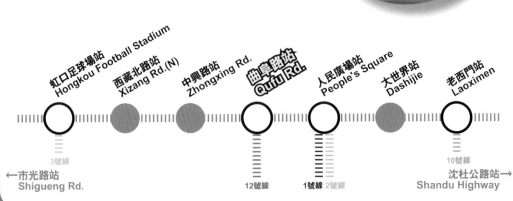

虹口足球場站
Hongkou Football Stadium
西藏北路站
Xizang Rd.(N)
中興路站
Zhongxing Rd.
曲阜路站
Qufu Rd.
人民廣場站
People's Square
大世界站
Dashijie
老西門站
Laoximen

3號線

10號線

←市光路站
Shigueng Rd.

12號線   1號線 2號線

沈杜公路站→
Shandu Highway

曲阜路站周邊街道圖

📷 大悅城

🥢 蘇小柳手工點心

曲阜路站
Qufu Rd.

📷 四行倉庫

12號線

吳淞江

北

上海現在幾乎以一個地鐵站搭配一個百貨商城的節奏在擴張！這站因為大悅城而成為新興的熱門區，加上步行到四行倉庫很近，對遊客來說變得很有價值，特別是四行倉庫2015年由政府重新規畫後，還原當年的情境，很有看頭！

遊賞去處

重臨死守倉庫的體驗

四行倉庫

MAP P.137 / B3

3號出口
步行約5分鐘

DATA

✉ 上海市閘北區光復路1號　☎ (021)6380-8222
🕐 週二～日09:00～16:30　休 週一　💲 免費

就在蘇州河畔,當年謝晉元團長死守的四行倉庫的舊址,在2015年正式成立為博物館等級的景點,全名是「四行倉庫八百壯士英勇抗日事蹟陳列室」,是免費參觀的。

這裡的展出內容分為血戰淞滬、堅守四行、孤軍抗爭、不朽豐碑4大部分,有許多珍貴的史料,當年的照片、報紙、設施、器具等等都被保存下來。此外,許多呈現的方式令人激賞,一點都不會覺得只看文字史料很無聊,如:利用模型的方式呈現當年的情境、還有多媒體區、投影互動等,讓你身歷其境的感受當時的砲火猛烈!

除了室內的部分,有著這麼多值得參觀了解的珍貴記錄史料之外,出了四行倉庫還有更重要的看點喔!那就是還原當年慘烈的牆體,千萬不要忘記一併參觀。

1四行倉庫舊址,現在是專門的紀念館 2紀念館外側有完全模擬當年彈痕砲孔的牆面 3謝晉元給愛妻的書信,在面對國家存亡之際,捨身就義的決心讀來分外令人鼻酸

遊賞去處

上海唯一擁有摩天輪的商城

大悅城

MAP P.137/C1
3號出口
步行約5分鐘

DATA

上海市西藏北路166號 (021)3633-8833 10:00～22:00

大悅城是本區的新商城，常常舉辦各種展出活動，像是海賊王、幾米展等等，現在又增開了大悅城二期，加入了上海唯一的摩天輪，這下更受女孩兒們的喜愛了！不過呢，這個商城的動線設計有點怪，要前往有摩天輪的二期，最好問問工作人員路線。

David要特別推薦位於二期8樓的「霓虹街」，這區的設計很有香港+東京的感覺，錯綜的路線、霓虹招牌，營造出一種特別的意境，這區除了美食，也是「手作區」，可以體驗做書、木雕、做餅乾、銀飾、畫畫等，是上海獨一無二的特殊區塊。

至於摩天輪，建議晚上來看夜景，它的轉速很慢，轉一圈有10分鐘之久，而且包廂內有空調、音響、燈光，是高級的設施喔！平日轉兩圈￥80、假日轉兩圈￥100，情侶可以來體驗一下。

1 大悅城的摩天輪是可以享用下午茶的喔 2 很有特色的霓虹街 3 有興趣可以自己做一本筆記本喔

特色美食

合理價位享用江浙點心

蘇小柳手工點心

MAP P.137/C1
1號出口
步行約5分鐘

DATA

上海市西藏北路198號，大悅城北座地下一層B102 (021)5661-6577
10:00～21:30 平均消費￥60

在許多的百貨商城裡都看得到這間「蘇小柳手工點心」，這是一間價格實惠，品質穩定的餐廳，主打江浙的小點心料理。他們家的小籠包，堅持以手工擀皮，而且要求有25道手捏褶紋(比鼎泰豐的要求還高)，加上以大骨熬製5小時的湯汁，成就了美味。

另一項招牌是白切雞，選用二黃雞，吃的是原味，吃的是鮮嫩，皮肉之間的膠質更是口感的關鍵，會令人愛不釋口！其他小點心像是：豆蓉流沙包、純手工鍋貼、金饅頭拼臭豆腐等等，通通都相當美味。關鍵是分量很剛好，價格又合理，對於遊客來說是沒有任何負擔就能品嘗的好選擇。

1 金獎鮮味小籠是招牌 2 白切雞口味也很棒 3 最簡單的蘇式湯麵

8號線
Line 8

美食與歷史並存的一站

大世界站
Dashijie

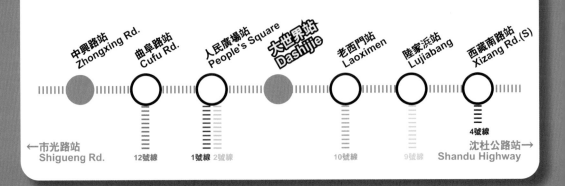

中興路站
Zhongxing Rd.

曲阜路站
Cufu Rd.

人民廣場站
People's Square

大世界站
Dashijie

老西門站
Laoximen

陸家浜站
Lujiabang

西藏南路站
Xizang Rd.(S)

4號線

←市光路站
Shigueng Rd.

12號線

1號線 2號線

10號線

9號線

沈杜公路站→
Shandu Highway

大世界站周邊街道圖

洪長興

上海大世界
鮮得來排骨年糕
雲南路美食街
小金陵
小紹興
大壺春

大世界站
Dashijie

上海音樂廳

古城牆大境閣

大世界站緊鄰人民廣場，這一站的名稱由來是因為有一座始建於1917年的「大世界」，已經有近百年的歷史，對於許許多多的上海人來說，這裡充滿了兒時的回憶。曾經它是上海最大的室內遊樂場，同時還有雜耍、南北戲曲、曲藝、電影院、小吃攤等等。大世界跟上海的歷史幾乎可以說是綁在一起的，租界時期上海灘青幫老大黃金榮也插足此地，解放後改造成大眾休閒娛樂的地方。同站的雲南路，則是經典美食匯聚之地，許多知名的百年老店都在這裡，想要品嚐到道地的上海味道，來這裡不但能朝聖還能滿足口腹之慾！

遊賞去處

上海唯一僅存的老城牆

古城牆大境閣

DATA

✉上海市大境路269號 📞(021)6385-2443 🕐09:00～16:00
💲¥5 🚇2號出口沿金陵東路到雲南南路右轉走到人民路口

這是上海僅存的古城牆遺址，原來的古城牆多因上海的都市發展而拆除，所幸，這段約50公尺長的古城牆與大境閣保留了下來，成為歷史遺址供後人參觀。

上海自元代建城以來，都不曾建築城牆，直至明嘉靖32年，因倭寇侵略始建城牆，嘉靖36年又增建敵樓、箭台等防禦設施，到萬曆年間倭患平息，此城牆上的箭台改為大境閣，是一座三層式的樓閣，內部供奉關聖帝君，清咸豐10年，英法聯軍駐兵於該廟，曾肆意破壞，道光宣統年間皆有重修。

目前1樓展示上海老城廂發展的照片，同時有明清時代上海城牆圍繞的上海城市模型，登上城牆後即是大境閣，過去的箭台，如今內部供奉關帝像，應是上海市區內唯一供奉關帝的地方，站在古城牆上向外張望今日上海，百年歷史悠悠過，這感覺甚是奇妙。

至於古城牆的旁邊，在大境路、青蓮街口有一座全真教道觀「白雲觀」，若有興趣也可以入內參觀。

1 大境閣目前供奉關聖帝君，書有信義千秋 **2** 這可是上海僅存的一段古城牆喔 **3** 連城牆上的旗杆座都是同治年間的 **4** 模型展示明清時代，當時上海城牆範圍內的樣貌

遊賞去處

上海人的共同回憶
上海大世界

MAP P.141/A1
1號出口
步行約2分鐘

DATA

✉ 上海市西藏南路1號　☎ (021)6320-3484
🕐 11:00～23:00　💲 免費入場

　　大世界建於1917年，是上海大商人黃楚九創辦經營，其後在1930年由青幫老大黃金榮經營，以遊樂園的形式對民眾開放，曾經它是上海最大的室內遊樂場，內容有雜耍、南北戲曲、曲藝、電影院、小吃攤等等，是上海最受民眾歡迎的遊樂場。其中，最深植所有上海民眾心中的，卻是裡面的12個「哈哈鏡」，你去問看看所有的上海人，他們都能告訴你兒時去大世界看哈哈鏡的往事。

　　然而，大世界後來關閉維護，一關就是12年，這麼長的時間關閉後重啟，你可以想像上海民眾的期待，在2017年重新開放時排隊的人潮繞了好幾圈呢！目前大世界內部主要以「非物質文化遺產」的展出為主，同時會有一些表演節目。從大門入口開始的哈哈鏡，

到展出的刺繡、湘繡、唐卡、農民畫，還有不定時的戲劇演出，可以讓你一方面有時光倒流的感覺，一方面也認識了中國的非物質文化遺產有何吸引人之處。

1 晚上的大世界點燈後拍起來很美 2 內部的空間是大氣的白色系 3 有趣的拉洋片是最早的電影雛形 4 5 6 刺繡、皮影、香包等民間藝術製作

雲南路美食街

大世界站旁邊的這條雲南路美食街，上面有許多知名的美食店家，走一趟這條馬路，可以吃到眾多的經典美食。

特色美食 米其林必比登推薦的生煎包

大壺春

MAP P.141 / B1
2號出口
步行約5分鐘

DATA

📧 上海市雲南南路89號 📞 (021)6311-5177 💲 平均消費¥30

大壺春的歷史可以追溯至1932年，稱得上是經典老店，也是上海人成長共同的回憶。對上海人來說，大壺春的生煎，才是他們心目中好吃的生煎。因為知名的「小楊生煎」作法屬於楊幫，皮薄汁多；而真正的本幫作法，則是皮厚肉實，有著不一樣的呈現方式。

大壺春的生煎包皮厚，所以更有麵皮香，十足吃包子的感覺，而肉餡厚實也是一絕，更重要的是，相對來說，大壺春的生煎比較不油膩，這樣的口味更適合台灣遊客，推薦遊客試試這個2016年入選米其林必比登名單的民間小食。

🟥 大壺春的招牌 🟦 開放廚房，現場製作的生煎包

特色美食 上海最早的清眞羊肉火鍋

洪長興

MAP P.141 / B1
1號出口
步行約6分鐘

DATA

📧 上海市雲南南路89號 📞 (021)6311-5177 💲 平均消費¥30

在雲南路北側入口，聳立著一座壯觀的清真寺廟外型建築，這裡是創立於1891年的洪長興，賣的是羊肉火鍋。雖然整個雲南路上開了許多的熱氣羊肉火鍋店，但是David還是推薦吃經典老字號，環境與衛生更有保障。

用的是傳統的銅鍋、炭火、清湯，與80年代完全一樣，也因此特別吸引懷舊的饕客。獨家的沾醬也是一絕，結合了花生醬、滷蝦油、醬油、紹興酒、醋等等原料，搭配羊肉特別讚，除了火鍋，這裡也能點到烤羊肉串，同時附設了清真田品糕點店，有興趣可以買些帶回旅館享用。

David的貼心提醒！

回族是不吃豬肉的

千萬不要傻傻地問有沒有豬肉，很犯忌諱的！

🟥 有如清真寺廟般的外觀 🟦 熱氣火鍋好威啊
🟨 熱氣羊肉，超嫩超鮮

雲南美食鎮街之寶

特色美食

小紹興

MAP P.141／B1
1號出口
步行約10分鐘

DATA

✉ 上海市雲南南路69-75號
📞 (021)6326-0845 💲 平均消費￥65

　　老字號的小紹興，可算是雲南路美食街的「鎮街之寶」，許多人跑來就是為了吃它最出名的白斬雞，肉質鮮嫩配上特調的醬汁，不可不試，如果覺得只吃雞肉不過癮，建議可配上雞粥或雞骨醬麵。

老字號排隊名店

特色美食

小金陵

MAP P.141／B1
1號出口
步行約5分鐘

DATA

✉ 上海市雲南南路55號 📞 (021)6326-6436 💲 平均消費￥45

　　店面上的「小金陵」3字，出自上海書法家吳建賢之手，他們家的鹽水鴨有「江南第一鴨」之稱，每天都能見到當地民眾排隊購買。不過呢，David覺得這鴨偏鹹偏澀，不合台灣遊客的口味，反倒是店裡的老鴨粉絲湯，很大一碗，裡面有鴨胗、鴨腸等料，卻花不了你多少錢，預算型的遊客可以簡單打發一餐。

1 小金陵的鹽水鴨肉 **2** 價格實惠內容豐富的老鴨粉絲湯

上海招牌經典小吃

特色美食

鮮得來排骨年糕

MAP P.141／B1
1號出口
步行約5分鐘

DATA

✉ 上海市雲南南路46號 📞 (021)6326-1284 💲 平均消費￥45

　　鮮得來創始於1921年，有「排骨年糕大王」的稱號，當年可說是所有上海人都一定知道的美食之一，來到上海體驗一把倒是滿不錯的，不過要有心理準備，這些半國營的老字號，大嬸的服務都不會太好。鮮得來的排骨一斤斬4塊，小年糕則是傳統手工製作，淋上甜醬。說實話，口味感覺上真的還好而已！不過衝著它的套餐有排骨、有年糕，還有湯，少少人民幣就能嘗鮮上海經典口味，還是值得的！

1 1塊排骨＋4片年糕，成了上海經典小吃 **2** 百葉例湯，內容物還蠻有料的

8號線
Line 8

中國館華麗變身藝術展出空間

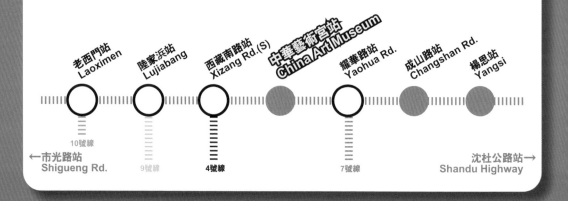

中華藝術宮站
China Art Museum

老西門站
Laoximen

陸家浜站
Lujiabang

西藏南路站
Xizang Rd.(S)

中華藝術宮站
China Art Museum

耀華路站
Yaohua Rd.

成山路站
Changshan Rd.

楊思站
Yangsi

10號線

9號線

4號線

7號線

←市光路站
Shigueng Rd.

沈杜公路站→
Shandu Highway

這是一個「突然冒出來」的站，在世博期間都沒有這一站，當中華藝術宮正式取代上海美術館作為上海藝術展出場館並對外開放的那一天，中華藝術宮站就突然出現了！現在要來這個世博期間排隊8小時才進得去的場館可方便囉！

周邊場館

當年舉辦世博會，留下了許多經典場館，如今多移做他用，在中華藝術宮周邊有不少，你可以一併去看看，也彌補了當年沒能參訪的遺憾喔。

飛碟造型是梅賽德斯奔馳文化中心

當年的城市生命館現在是世博展覽館

世博公園內的新12生肖藝術品

147

中華藝術宮

3號出口
步行約3分鐘

DATA

📧 上海市浦東新區上南路205號 📞 4009219021
🕐 週二～日09:00～17:00 🈺 週一 💲 現場領票，免費參觀

　　世博會期間的中國館現在變身「中華藝術宮」，扛起了上海藝術展出的重責大任，而且最有看頭的「多媒體清明上河圖」也保留於此(另收20元門票)，這個非常有特色的建築是世博會時最受歡迎場館，現在你可以隨時來這裡參觀看展囉！

　　整個中華藝術宮的展示空間高達6.4萬平方公尺，共有27個展廳，場地之大足足是上海美術館的10倍！館藏1.4萬件，首批會展出的內容有1,400件。光是要瀏覽所有展示內容需要走4公里多，逛一圈就要超過5小時！所以記得調配好你的體力喔！

　　當初中國館的設計原來參觀動線就是「由上而下」的，所以先搭電梯從最上層開始參觀，電梯會直接帶你來到清明上河圖的展示區。

多媒體清明上河圖

　　真的是百聞不如一見，配合聲光與多媒體的投放，清代百姓的生活樣貌躍然紙上，每一絲一毫的細節都值得細細觀察品味，加上畫面情境還有日夜運轉，從黃昏到入夜後萬家燈火，站在這幅超大作品前看得出神，竟有著自己融入其中的特別感覺⋯⋯。

1 超大多媒體作品，必看 **2** 當年的中國館變身中華藝術宮
3 **4** 展出內容豐富多樣，很有看頭

看黃浦江看船看大橋

遊賞去處

上海世博園

MAP P.147／A2

4號出口
步行約8分鐘

DATA

✉世博大道、世博館路交會處 ◷全天開放

　　中華藝術宮所在整片區域都是當年世博會的展區，時間充裕的遊客不妨往黃浦江邊走走，就在梅賽德斯奔馳文化中心旁邊，沿江整片是大公園，也保留了許多當年世博會的建築或雕塑品，關鍵是這裡可以欣賞黃浦江上船隻往來的盛況，同時也是當地居民散步、休憩的好地方，因為視野遼闊，可以拍到很遠的江景，大橋的景觀也很特殊。

1江邊可以拍到許多河景照 **2**大型船舶利用黃浦江運送貨品 **3**在地民眾也愛來休憩

世博軸搖身一變大商城

購物血拼

世博源

MAP P.147／B3

3號出口
步行約1分鐘

DATA

✉上海市浦東新區世紀大道1368號 ◷10:00～22:00

　　世博軸曾經是世博會中最大的單體建築，南北長度達1,100公尺，世博結束後配合浦東區整體規畫，改造成超大的購物中心，這裡除了原有的世博結構外，另外以「水」為元素設計購物中心的景觀，加上眾多知名品牌與美食餐廳的進駐，逛累了中華藝術宮可來此享用餐飲。

1充滿設計感的逛街空間 **2**當年世博的大型香菇造型發光體也保留作為裝飾

149

9號線
Line 9

穿街走巷體驗創意氛圍

打浦橋站
Dapuqiao

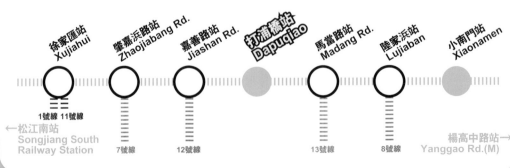

徐家匯站
Xujiahui

肇嘉浜路站
Zhaojiabang Rd.

嘉善路站
Jiashan Rd.

打浦橋站
Dapuqiao

馬當路站
Madang Rd.

陸家浜站
Lujiaban

小南門站
Xiaonamen

1號線 11號線

←松江南站
Songjiang South
Railway Station

7號線

12號線

13號線

8號線

楊高中路站→
Yanggao Rd.(M)

打浦橋站周邊街道圖

田子坊
■陳逸飛工作室舊址

琉璃藝術博物館

日月光廣場
寶珠奶酪■

打浦橋站
Dapuqiao

北

由於9號線的開通，方便了很多景點的到達，其中打浦橋站鄰近兩個創意園區「田子坊」與「八號橋」，還有文化氣息濃郁的紹興路，建議在午後時分來到這一站享受文化與創意的感覺。

在上海多個創意園區中，田子坊是最富盛名者，一方面是其石庫門為基礎的上海里弄風情，另一方面則是越來越多的美食餐廳來此開設，提供真正的懷舊風情。

同時，由台灣藝術家張毅、楊惠珊成立的「上海琉璃藝術博物館」在泰康路50號開張，加上來自台灣的日月光集團在地鐵上方建立了商城，使得本區塊形成創意與商業薈萃的新景區。

上海創意園區
田子坊

MAP P.151／C2
1號出口
步行約5分鐘

DATA

✉上海市泰康路210弄

　田子坊所在區塊是上海傳統的石庫門居民區，當年因為著名的畫家陳逸飛、攝影家爾冬強等等陸續在這裡成立個人藝術工作室，逐漸的吸引了文化創意產業的店家與人員進駐，成為知名文創園區。如今的田子坊範圍越來越大，創意店家、特色餐飲、異國料理都能在此體驗，如同台灣的九份、北京的南鑼鼓巷一般，穿梭在小小的巷弄內隨時會有驚喜，上海老式弄堂的風韻猶存，一磚一瓦、石庫大門、電線縱橫，居民的生活與創意的小店和平共存在這個阡陌縱橫的田子坊內，來，拿出你的探險精神，去發掘躲在角落裡有意思的地方吧！

1現在這裡有著滿滿的各類型商店 **2**可惜的是居民的痕跡越來越少了 **3**田子坊入口 **4**大量的藝術家工作室設於此處 **5**古意盎然的環境，有著創意無限的內容 **6**小小的巷弄與青石地板構成的文創區 **7**田子坊依附著上海老式里弄

滿滿的美食餐廳廣場

![遊賞去處] 📷 **日月光廣場**

MAP P.151／C2
1號出口
在地鐵站內

DATA

✉ 上海市黃浦區徐家匯路618號　📞 (021)6987-8888
🕐 10:00～22:00

　日月光廣場與地鐵站直接相連，主打的不是購物，而是「美食」，商場多個樓層滿滿的都是美食餐廳，幾乎你想得到的這裡統統有！建議遊客可以在這裡用餐後再去逛田子坊！推薦必試：1樓來自香港的翠華餐廳、4樓的合點壽司、B2的寶珠奶酪。

田子坊的起點

![遊賞去處] 📷 **陳逸飛工作室舊址**

MAP P.151／C2
1號出口
步行約5分鐘

DATA

✉ 上海市泰康路210弄2號　🕐 10:00～17:30　💲 免費

　田子坊的興起，最大的原因之一就是藝術家陳逸飛在這裡租了個倉庫，打造成他的個人工作室，緊接著大量的藝術家紛紛群聚，才造就田子坊成為文創園區。如今陳逸飛已經離世，而工作室舊址就開放大眾參訪。你會看到當時他對老倉庫的布置，這裡是他的畫室，進行許多的創作，現場也展出他最知名的畫作：雙橋油畫。來到田子坊，在熱鬧之餘請不忘初衷，先來感受田子坊的起點：陳逸飛工作室舊址。

琉璃工坊成立的博物館

![遊賞去處] 📷 **琉璃藝術博物館**

MAP P.151／C2
1號出口
步行約5分鐘

DATA

✉ 上海市泰康路25號(田子坊對面)　📞 (021)6467-2268
🕐 週二～日10:00～17:00　休 週一　💲 ￥60

　琉璃藝術博物館位在田子坊斜對面，外觀非常搶眼，這是由台灣琉璃工坊主導開設，內容以展出琉璃藝術品為主。目前一樓是琉璃銷售區及咖啡店，可以免費參觀。2、3樓則是展廳，你可以在2樓欣賞到多媒體展演與世界各國琉璃大師的作品，3樓則有楊惠姍、張毅經典作品展，其中一尊耗時數年完成的大型千手觀音作品，最具震撼力；此外還有古琉璃等內容，值得來探索琉璃之美。

9號線
Line 9

七寶古鎮
➡由2號出口出站，出站後右轉民生路，步行約10分鐘可達

七寶站 Cibao

七寶最知名的就是「七寶古鎮」，是一個迄今有千年歷史的古鎮。鎮名「七寶」的說法據稱是因民間傳說當地有七件寶物：飛來佛、氽來鐘、金雞、玉筷、玉斧、神樹、金字蓮花經。除了擁有水鄉美景之外，整條老街還有超豐富的特色小吃，David推薦「老街湯團」(有鮮肉、棗泥、豆沙、芝麻等口味)、臭豆腐、七寶方糕、龍鬚糖等。

泗涇站
sijing

九亭站
Jiuting

中春路站
Zhongchun Rd.

七寶站
Cibao

星中路站
Xingzhong Rd.

合川站
Hechuan Rd.

漕河涇開發區站
Caohejing
Hi-Tech Park

←松江南站
Songjiang South Railway Station

楊高中路站→
Yanggao Rd.(M)

七寶站周邊街道圖

七寶站
Qibao

🍴 七寶茶館
七寶古鎮 📷

🍴 龍袍蟹黃湯包

喝壺老人茶聽評書

七寶茶館

MAP **P.155**
2號出口
步行約15分鐘

DATA

📧上海市閔行區七寶老街南大街9號　💲平均消費￥70

　　介紹一個有意思的老人娛樂！在老街上的七寶茶館，可以進去喝杯茶，茶館內的七寶書場有蘇州評書可以聽，雖然聽不懂內容，但是江南絲竹，旋律優美動人，說書的功力很棒，語調抑揚頓挫，偶爾似唱似說的腔調，引人入勝，光是聽聽這說話功夫也值了。這裡同時也能吃到湯包、點心，當成另類小午茶很別緻喔！

1茶館門口會告示今日演出內容 **2**體驗一回江南評書才￥4

David的貼心提醒！

　　路上有帶著猴子雜耍表演要錢的，請不要靠近圍觀，另外會有一人向群眾討賞，如果不給，會怒目衝你抱手拱拳，敬而遠之得好！

乾隆皇帝的最愛

龍袍蟹黃湯包

MAP **P.155**
2號出口
步行約12分鐘

DATA

📧上海市閔行區七寶老街北大街15號　💲平均消費￥30

　　蟹黃湯包始於南京，相傳是乾隆下江南時吃到讚譽有加，於是便有龍袍之名，算算已有140年歷史，而七寶這家老店，門口永遠有長長的排隊人潮，

3

小小的空間內擠滿了饕客，現做現蒸熱騰騰的湯包，絕對讓你大呼過癮！招牌產品是蟹黃小籠與蟹黃湯包，那新鮮的蟹黃味道充滿口腔太銷魂了！其他如老鴨粉絲湯、鮮肉小籠、蝦仁小籠也都非常出色！

1位在轉角的店面 **2**皮薄餡厚湯汁足的湯包 **3**瞧瞧這餡這湯汁，配薑醋太美味了

10號線
Line 10

網紅散步馬路與文青氣息滿滿

交通大學站
Jiao Tong University

伊梨路站 Yili Rd.	宋園路站 Songyuan Rd.	虹橋路站 Hongqiao Rd.	交通大學站 Jiao Tong University	上海圖書館站 Shanghai Library	陝西南路站 Shaanxi Rd.(S)	新天地站 Xintiandi

←虹橋火車站
Hongqiao Railway Station

3號線 **4號線**　　11號線　　　　　　　　1號線 12號線

13號線
新江灣城站→
Xinjianwancheng

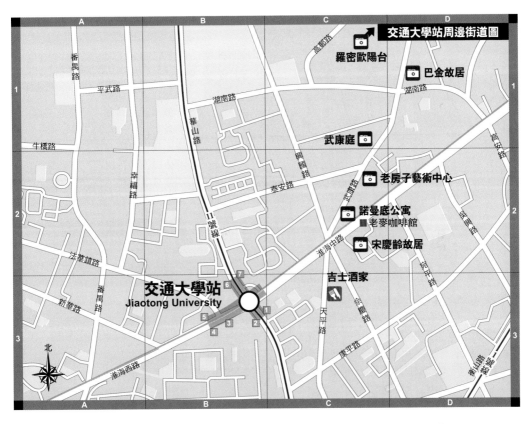

交通大學站周邊街道圖

羅密歐陽台

巴金故居

武康庭

老房子藝術中心

諾曼底公寓
■ 老麥咖啡館

宋慶齡故居

吉士酒家

交通大學站
Jiaotong University

北

交通大學站鄰近知名的漫步街道「武康路」，一路上梧桐樹滿滿、老洋房處處、網紅店也很多，絕對要花一個下午來這裡散步！此外，宋慶齡故居、諾曼底公寓、老吉士等足以代表上海的經典必訪之處，統統就在本站搞定！

在行程規畫上，你可以逛完交通大學站周邊後，沿著武康路一路輕鬆地向北漫步，一路上的景致太愜意了，然後走到安福路右轉，就可以接回David在常熟路站上的介紹囉！

上海達人 *Shanghai*
3大推薦地

👍 作者最愛
吉士酒家

這裡是明星最常來的餐廳，包括梁朝偉、劉嘉玲、王菲、吳宇森等都是座上嘉賓，可見這兒的口味有多道地。不論你是大明星或小市民，沒訂位就乖乖在門口等著。(見P.160)

👍 觀光客必訪
宋慶齡故居

這一站David為你推薦上海眾多名人故居中最值得前往的「宋慶齡故居」，不但可以入內參觀，還有專人陪同解說，保留文物與建築也最具可看性！(見P.159)

👍 在地內行推薦
漫步武康路

武康路，租界時代稱做「福開森路」，光緒33年修築，一路上歷史建築的數量幾乎是上海之冠，這一路走下來，保證讓你身心舒暢，且看夠上海老洋房！(見P.161)

遊賞去處

法國戰艦的外型
諾曼底公寓

MAP P.157／C2
7號出口
步行約4分鐘

DATA

🏠上海市淮海路與天平路、興國路、武康路、余慶路五條馬路交叉口

現在也叫做武康大樓，建於1924年，是上海第一座外廊式公寓，紅色石磚外牆加上八層樓的建築，佇立在5條馬路的交會口，氣勢恢弘，路經此處沒有人能夠不仰頭觀望。設計師是鼎鼎大名的鄔達克，整個建築的造型以一戰時代法國戰艦「諾曼底號」為藍本，看官們覺得像不像呢？

諾曼底公寓像不像一般巨型船艦？

素雅質樸的乳白色建築

宋慶齡故居

遊賞去處

MAP P.157／C2 1號出口 步行約5分鐘

DATA

✉上海市淮海中路1843號 ◷09:00～16:30(全年開放)
💲成人￥20，學生￥10

宋慶齡故居坐落於淮海中路，居住時間長達30年，是宋慶齡居住時間最長的一個地方，這裡有宋慶齡的文物館及故居，保留了原始的家具裝飾，並且會有專人解說。3層樓的乳白色建築位於整個故居區的中心位置，前後都有花園，邊上還有停車庫，這裡停放了兩輛宋慶齡當年的座車，門口的宋慶齡雕像是在其誕辰110週年紀念日，由多位雕刻家共同完成。

宋慶齡原先與孫中山先生住在香山路的房子，孫先生過世後，她將中山故居捐出作為紀念館供後人紀念，自己則暫居一簡陋寓所，後來蔣介石手諭將現在的這個地方撥給宋慶齡使用才遷居此處，並專心致力於愛心事業。這棟乳白色的房子裡，有來自國內外友人餽贈的禮物，更有宋慶齡生活的點點滴滴。

1 注意屋簷，像不像一艘船？這棟建築最早是屬於一個船主人所有 **2** 臥室內的家具，是孫中山與宋慶齡聯姻的嫁妝 (以上圖片提供／上海宋慶齡故居紀念館)

上海老洋房建築群之冠

老房子藝術中心

遊賞去處

MAP P.157／C2 1號出口 步行約8分鐘

DATA

✉上海市武康路393號甲 ☎(021)6433-5000 ◷09:00～17:00 💲免費 ❶每個月的第一個週六有提供免費的老房子導遊行程

武康路，租界時代稱做「福開森路」，光緒33年修築，一路上歷史建築的數量幾乎是上海之冠，這一路走下來，保證讓你身心舒暢，且看夠上海老洋房！從諾曼底公寓往北漫步，在泰安路路口附近，就會見到「老房子藝術中心」，其實只有兩個樓面開放，定期會有畫展攝影展，一樓則有上海老房子模型的展示。在這裡可以取得武康路老房子漫步的資訊。

1 老房子藝術中心在黃興故居旁邊 **2** 幾個上海知名老房子建築模型展示

特色美食

續寫傳奇的咖啡館

老麥咖啡館

MAP P.157 / C2
7號出口
步行約8分鐘

DATA

✉上海市武康路439號武康大樓底層 ☎17740881038
💲平均消費¥75

老麥咖啡館就位在經典建築諾曼底公寓樓下，作舊的木質與帶著鐵鏽設計的外觀，營造出一種復古的工業風，這也是老麥的一貫風格。老麥咖啡的老闆就叫做老麥，是一位環遊世界的旅行者，也喜愛邊走邊收集來自世界各地的古董、小玩意，所以他開設的老麥咖啡內有許多物件都是他的收藏品。

整個復古風包圍著環境，現場也銷售許多特色老物件。舊報紙、海報、招牌與木質地的桌椅，讓你有回到舊日時光的感覺，臨窗的位置更可以欣賞武康路上往來的人群，點杯咖啡感受上海氛圍，然後開啟武康路漫步之旅，這會是個難忘的午後時光！

■1老麥咖啡的門口 ■2復古的環境與灑入的陽光 ■3一杯咖啡搭配檸檬塔

特色美食

創始老店的上海菜系

吉士酒家

MAP P.157 / C3
1號出口
步行約6分鐘

DATA

✉上海市天平路41號(近淮海中路) ☎(021)6282-9260
💲平均消費¥120

記得訂位！不然就不用去了。「吉士酒家」，幾乎可以說是明星最常出沒的上海餐廳，位於不顯眼的天平路上，安安靜靜地提供著最道地的上海菜系，其衍生出來的「新吉士」光上海已有8家分店，雖然菜色一致，不過能到創始老店還是第一優選啊！紅色的磚瓦牆上掛著老照片，很有懷舊的感覺。位置之間相隔較小，空間讓你覺得有點侷促，沒關係，等服務人員上了菜，你就會忘記這一些空間上的不舒適，又是一家道地的上海菜餐廳。

David為你推薦的招牌菜為紅燒肉、心太軟、鹹雞、清炒河蝦仁、蔥烤魚頭。其中，特別值得解釋一下的是「心太軟」，它為招牌上海菜之一，紅棗內包著糯米，由於中間是軟軟的糯米，不就是名副其實的「心太軟」了嗎？

■1上海人也稱它為「老吉士」 ■2紅燒肉是本幫菜經典 ■3酒香草頭，這種菜葉台灣沒有，很美味喔 ■4心太軟，紅棗為「心」、糯米「太軟」

漫步武康路

武康路近年異軍突起，榮登最佳散步馬路第一名！原名福開森路，由上海法租界公董局於1907年修築，一路上有保留歷史建築37處。擁有法租界風情、大量的老洋房故居、兩側梧桐樹組成的路綠色隧道(秋天變成滿地黃的落葉，更美！)現在只要遇到假日，大家都愛到這裡來散散步！

武康路上的驚喜很多，要留給你自己來體會，不論你是哪一個季節來，這裡給你的感動都不同！看看這一路上有那些有意思的內容呢？

秋意蕭瑟的冬季武康路

 外交官宅邸
遊賞去處
武康庭
MAP P.157／C1
7號出口
步行約10分鐘

武康路378號，這裡過去是民國時期外交官的宅邸，後棟則是過去上海儀表局，建物是70年代的作品，這裡現在聚集了許多獲獎餐廳、紅酒店，吸引許多外籍人士在這裡享受優雅的環境與美食。

武康路378號鑽進去有驚喜唷

 地中海風情的建築
遊賞去處
羅密歐陽台
MAP P.157／C1
7號出口
步行約15分鐘

武康路210號，有著地中海風情的建築，出名的是他那被稱為「羅密歐陽台」的造型陽台，美麗而突出的造型，深受大家喜愛，幻想一下美麗的愛情故事吧！

特色的建築配上羅密歐陽台

 文學大師的故居
遊賞去處
巴金故居
MAP P.157／D1
7號出口
步行約12分鐘

武康路113號是文學大師巴金的故居，不但保留眾多珍貴文物，同時也恢復巴金當年生活起居的原貌。但室內的一切都比不上他獨特的外觀，建於1923年，曾經是蘇聯商務代表處，參觀免費，週一閉館。

巴金故居的建築相當有特色

10號線
Line 10

全上海最有中國味道的地方

豫園站
Yuyuan Garden

陝西南路站 Shaanxi Rd.(S)	新天地站 Xintiandi	老西門站 Laoximen	豫園站 Yuyuan Garden	南京東路站 Nanjing Rd.(E)	天潼路站 Tiantong Rd.	四川北路站 Sichuan Rd.(N)

1號線 12號線　　13號線　　　　　　　　8號線　　　　　　　　2號線　　　　1號線

←虹橋火車站　　　　　　　　　　　　　　　　　　　　　　　　　　　　　新江灣城站→
Hongqiao Railway Station　　　　　　　　　　　　　　　　　　　　　Xinjianwancheng

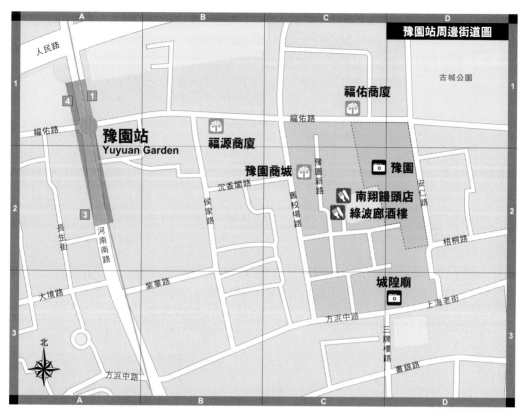

豫園站周邊街道圖

人民路
古城公園
福佑商廈
福佑路
豫園站
Yuyuan Garden
福源商廈
福佑路
豫園商城
豫園新路
豫園
沉香閣路
舊校場路
南翔饅頭店
綠波廊酒樓
侯家路
安仁路
長生街
河南南路
梧桐路
紫華路
城隍廟
大境路
上海老街
方浜中路
三穗樓路
北
方浜中路
晝錦路

豫園商城有「全上海最中國的地方」之稱，吸引了海內外遊客的青睞，每年遊客數可達到3,700萬人次以上，足見其吸引力。整個豫園商城包括幾大看點：豫園、城隍廟、湖心亭、九曲橋、老廟黃金、豫園老街、綠波廊酒樓、南翔饅頭店等等。

一廟兩城隍的奇景

城隍廟

DATA

MAP P.163／D3
3號出口
步行約10分鐘

✉上海市邑城路號 ☏(021)6328-4494 🕐08:30～16:30

有人說如果上海是一碗有料的老湯，那麼城隍廟就是其湯底。整個豫園商城區塊放大，就是上海「老城廟」，昔日上海的起點，城隍廟則是居民信仰的中心。

這座城隍廟有另一特色，就是「一廟兩城隍」，上海城隍廟最早供奉西漢大司馬霍光，故今廟內前殿仍由霍光坐鎮。宋人秦裕伯被明太祖

朱元璋屢次邀請入朝為官，屢次遭拒，最後以「生不為我臣，死當衛吾土」為由，封其為上海縣城隍神，如今，後殿供奉上海城隍神——秦裕伯。

前殿由西漢司馬霍光坐鎮

目前的城隍廟共有霍光殿、甲子殿、財神殿、慈航殿、城隍殿、娘娘殿等6個殿。除了一般民眾外，老外們也抱著新奇的眼光入內，體驗中國的宗教文化。

遊賞去處

DATA

上海最具規模的園林
豫園

MAP P.163／C2
3號出口
步行約7分鐘

✉上海市安仁街132號 ☎(021)6326-0830
🕐09:00～16:30 ㊡週一 💲￥30

豫園是明嘉靖年間，曾任四川布政史的潘允瑞為其父母所建，以「愉悅雙親，頤養天年」之意打造，取名豫園（「豫」與「愉」諧音）。工程浩大歷時近20年，典型的江南園林造景，樓台樓閣、花木奇石、曲徑迴廊美不勝收。

點春堂

點春兩字取自蘇東坡的名句「翠點春妍」，主要是供園主看戲宴賓之用。咸豐3年，上海小刀會起義，「點春堂」就是小刀會的北指揮所，現在這裡還陳列著起義時所遺留下來的物品。

東園

東園位於園內東南角，最吸引人的為古戲台與九龍池，古戲台有「江南第一台」之稱，造型與建築雕工皆屬上乘。

玉華堂

堂前的「玉玲瓏」是江南三大名石之一，合於古人評石之「皺、漏、透、瘦」四個標準，重近500公斤，上有72個天然孔洞。玉華堂本身是書齋，成套家具都是紫檀木打造。

1飛簷造型相當華麗 **2**連步道都拼貼圖案，做工真的很細緻 **3**中式建築雕梁畫棟之美 **4**渾然天成的玉玲瓏

遊賞去處

中外遊客必訪，人山人海超熱鬧

豫園商城

DATA

✉上海市黃浦區方浜中路265號 ☎(021)6355-9999
🕐10:00～22:00

一般遊客說要去「豫園」，往往不是前頁介紹的園林古宅，反而是以中式建築設計的豫園商城，這片6.3公頃面積的範圍，起源於百年前清同治時代的老城隍廟市場，集廟宇、園林、商鋪、建築、美食、旅遊為一體，成為全上海最中國的地方，吸引大量中外遊客造訪。

以九曲橋、湖心亭為圓心，圍繞著大量餐廳、店家，就連星巴克都特別設計成中國風樣貌！遊客來此可以先在湖心亭處拍照打卡，接著漫步整個商城區，美食部分有許多百年老店、也有上海風味小吃街，逛街部分可以買到上海特色紀念品，在園區中央也特別規劃了傳統技藝攤位，從皮影藝術、藝術剪影、捏麵人、刻印章等等手藝都有，中外遊客在這裡能體會到好吃好玩的內容。

入夜後的豫園商城燈光打起，畫面更美，夜間還有投影秀等內容，如果你是年節前後來此，這裡更是燈會的舉辦地，高掛的燈籠讓豫園商城更添美感，喜愛攝影的族群記得留到晚上喔！

1逛最有中國味的豫園 **2**燈籠高掛的豫園畫面很美 **3**現場有傳統手藝展售 **4**豫園晚上點燈更美

上海經典級老牌餐廳

MAP P.163 / C2
3號出口
步行約7分鐘

綠波廊酒樓

特色美食

DATA

✉上海市黃浦區豫園路115號 ☎(021)6328-0602
🕐07:00～21:00 💲平均消費¥130

大名鼎鼎的綠波廊是上海的經典老店，位在知名的豫園九曲橋畔。建於明嘉靖年間的建築本體，提供的上海本幫菜聞名天下，獲得「國家特級酒家」稱號，也是上海國宴招待各國領袖的指定餐廳之一！在2017年入選上海米其林必比登名單，由於其地位與知名度，幾乎是遊客來上海必試的餐廳之一。

一般遊客可以選擇下午時間來喝茶品點心，推薦試試「夫人套點」這個曾經款待各國援手夫人的點心，內含腰果葫蘆酥、金腿小粽、長壽桃、順風葉4種點心，顏值高也適合拍照。

經典本幫菜餐廳綠波廊、高顏值的夫人套點

一位難求的小籠湯包

MAP P.163 / C2
3號出口
步行約7分鐘

南翔饅頭店

特色美食

DATA

✉上海市豫園路85號 ☎(021)6355-4206
🕐08:30～21:00 💲平均消費¥75

光緒26年開店，如今「南翔小籠」已經成為小籠包的代名詞，聲名遠播，非但是一位難求，在樓下排隊外賣的人龍，也成了豫園景點的一大特點。其小籠湯包有皮薄餡大湯足的特點，不但是國內知名，目前更是在日、韓、印尼、新、馬、香港等地開設分店，與台灣鼎泰豐可以說是旗鼓相當。此外，商城內有老式「拉洋片」，這算是中國最早的電影或是動畫形式了，一個人¥5，建議你體驗看看。

David的貼心提醒！

要用微信掃碼排號

南翔饅頭店現在要用微信APP掃碼排號，所以想要享用的遊客記得先安裝好微信喔！

福佑路小商品街

如果說豫園商城一帶是給觀光客去的，那David不能不提起福佑路小商品街，這緊鄰豫園的馬路有「小商品街」之稱，是上海人常常前往購買小商品的地方，許多小飾品、商品的批發地都在此處，因此，想用便宜的價格買些可愛實用的紀念品，來這裡錯不了！

購物血拼 | 各種小玩意聚集地
福佑商廈

 MAP P.163／C1
3號出口
步行約7分鐘

DATA

✉ 上海市福佑路225號

聚集大量的店家，東西也是千奇百怪什麼都有，像是頭飾、手機吊飾、絨毛玩具、鑰匙圈、文具、十字繡，凡是你想得到，會在一般店家裡看到的小玩意這裡統統有，也因此總是吸引了許多的當地人來這裡購物。

購物血拼 | 平價批發集中地
福源商廈

MAP P.163／B1
3號出口
步行約5分鐘

DATA

✉ 上海市福佑路338號

店家與東西比福佑商廈更多、環境更混亂，如果你愛在台灣的夜市買些小玩意兒，這裡可以滿足你所有的需要，但是人潮過多，請務必留意隨身物品，此區由於是批發集中地，空間與環境自然算不上高檔，同時也是需要殺價。

1 福佑門商廈是新成立的小商品城 **2** 人潮擁擠，什麼小東西都買得到吧

1 在這裡可以用更低的價格買到旅遊紀念品 **2** 就算是商城外觀也古意盎然

10號線
Line 10

上海版的成衣批發市場

天潼路站
Tiantong Rd.

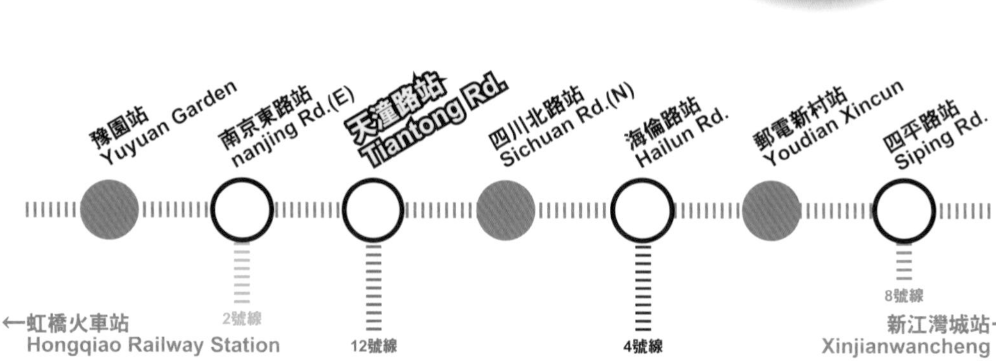

豫園站
Yuyuan Garden

南京東路站
nanjing Rd.(E)

天潼路站
Tiantong Rd.

四川北路站
Sichuan Rd.(N)

海倫路站
Hailun Rd.

郵電新村站
Youdian Xincun

四平路站
Siping Rd.

←虹橋火車站
Hongqiao Railway Station

2號線

12號線

4號線

8號線

新江灣城站→
Xinjianwancheng

天潼路站一出站就是上海有名的成衣批發市場區，有興趣的遊客可以來淘寶，然後沿著蘇州河漫步，到百年建築的郵政博物館參觀，腿力好的話，再往東可以接到外白渡橋喔！

天潼路站周邊街道圖

MAP P.169

佇立蘇州河畔的城堡

遊賞去處

上海郵政博物館

3號出口
步行約8分鐘

DATA

✉上海市虹口區天潼路395號 ☎(021)6393-6666
🕐週三、四、六、日09:00～17:00 💲免費

宏偉的外觀佇立於蘇州河北岸，1924年竣工，建築風格屬於歐洲折衷主義風，鐘塔部分則是義大利巴洛克風格，頂部兩側有歐式青銅人像雕塑，分別是希臘神話中的信使HERMES與女神，由於占地廣加上建築風格突出，曾名列上海十大建築之一！

除了欣賞建築之美，這裡的博物館更是集郵迷一定會大愛的地方，許多珍貴的郵票，價值不菲！此外，也介紹中國郵政的發展歷史，更有金氏世界紀錄最大的首日封，絕對是個精采又知性的景點。

David的貼心提醒！

購物注意事項

■ 來到七浦路，殺價是關鍵，如果不諳殺價之道，先觀察身旁其他上海小姑娘怎麼殺價的，他們都是行家！

■ 近年來七浦路有越來越亂且店家與顧客紛爭不斷的問題，前往時請特別注意安全，無意購物請勿開價、還價，否則一旦店家同意價格你又不買，是很犯忌諱的。

■ 現場人潮眾多，竊賊出沒機會大，請留心隨身財物。

上海成衣批發的始祖

購物血拼

興旺服飾市場
興旺國際服飾城

MAP P.169

1號出口
步行約1分鐘

DATA

✉上海市七浦路133號

前者被稱為老興旺，是七浦路最早的批發商城，後者是新興旺，因為店家與客戶越來越多增擴而成，兩者之間有空橋連接，這裡可以說貨色最多、人潮最多、空氣最糟，卻也最有七浦路的特色。根據經驗與眾多熱心上海小姑娘提供的資訊，1樓是漫天開價最嚴重的地方，所以要用力砍，2、3樓的商品較佳，開價也相對貼切些，如果你不想在「成衣菜市場」內激戰，可以先往樓上走。

12號線
Line 12

歷史、監獄、渡輪一次擁有

提籃橋站
Tilanqiao

曲阜路站
Qufu Rd.

天潼路站
Tiantong Rd.

國際客運中心站
International Cruise Terminal

提籃橋站
Tilanqiao

大連路站
Dalian Rd.

江浦公園站
Jiangpu Park

寧國路站
Ningguo Rd.

8號線

←七莘路站
Qixin Rd.

10號線

4號線

18號線

金海路站→
Jinhai Rd.

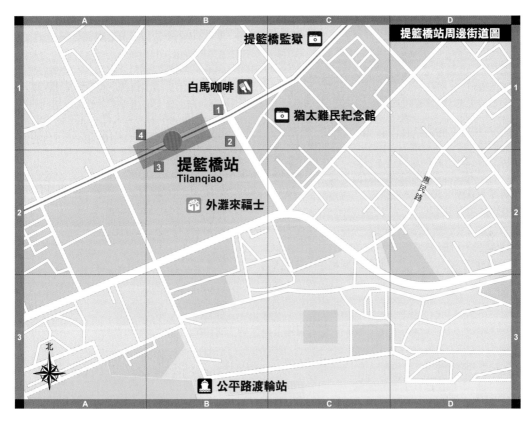

提籃橋站周邊街道圖

提籃橋監獄

白馬咖啡

1

4

3 提籃橋站
Tilanqiao

2

猶太難民紀念館

外灘來福士

惠民路

北

公平路渡輪站

你 如果與任何上海人提到「提籃橋」，大家的印象就是「監獄」，就像在台北提到土城就想到看守所一樣。確實，當年號稱「遠東第一監獄」的提籃橋監獄就在本站。然而許多人不知道的是，這裡也是當年猶太難民聚集區，許多感人的血淚故事發生，如今開闢了猶太難民紀念館，來福士商城也設立，加上還有渡輪站，讓本站也成為遊客可以深度參訪體驗的一站，David非常推薦大家來走走！

購物血拼

城市集市吃得到上海經典小吃

北外灘來福士

MAP P.171 / B2
2號出口直接連通

DATA

✉上海市虹口區東大名路999號 ☎(021)3511-8866
🕐10:00～22:00

　　北外灘迎來了全球第十座、上海第三座來福士，地鐵12號線提籃橋站，內部直接連通相當方便！總建築面積達42萬平方公尺，由東西兩座高樓建築及購物中心組成，逛街部分不是重點，關鍵是B2層有個「城市集市」主題街區非常有特色！

　　復刻的上世90年代上海的主題街道，帶給遊客一秒時空轉換的感覺，彷彿來到老上海里弄，水泥斑駁的牆面，小廣告與塗鴉、二八自行車、舊式公共電話、搪瓷臉盆，許許多多的老物件，帶給這座城市居民許多回憶，最重要的是這裡還集結了上海最知名的小吃：老灘頭的蔥油餅、小紹興的白斬雞、小金陵的老鴨粉絲湯、大壺春的生煎包，這裡通通吃得到，想要回味舊上海的畫面跟美食，來這裡就對了！

🅵還原上海里弄的場景 🅶情境感滿點的用餐環境

遊賞去處

說到提籃橋就想到監獄

提籃橋監獄

MAP P.171 / C1
1號出口步行約5分鐘

DATA

✉上海市虹口區長陽路147號

　　這個監獄始建於1901年，1903年5月啟用，在當時比印度的孟買監獄、日本的巢鴨監獄還大，因此有「遠東第一監獄」之稱！目前此地功能變為指揮中心，並沒有對外開放，但是看看監獄外觀就能感覺一股森嚴、肅殺的氣氛。

遊賞去處

2元過江到東方明珠

公平路渡輪站

MAP P.171 / B3
3號出口步行約10分鐘

DATA

✉上海市虹口區公平路1號 🕐07:00～17:00

　　遊客來到此區，感受完歷史、監獄、購物之後，除了可以搭地鐵離開之外，也可以選擇走到公平路渡輪站，花個2元費用，就能搭船橫跨黃浦江，直接抵達陸家嘴！江上風景也賞了，交通也搞定了，一舉多得。

遊賞去處 猶太血淚故事在上海

猶太難民紀念館

MAP **P.171 / C1**
1號出口
步行約5分鐘

DATA

✉上海市虹口區長陽路62號 ☎(021)6512-6669 ◷09:00～17:00
休週一 💲￥20

你可能不知道上海與二戰期間的猶太難民有很深的聯繫，在二戰期間，猶太人受到法西斯主義的迫害，大量的難民逃離德國，在1933～1941年間，上海吸收了近三萬猶太難民，成為世界上對猶太難民最為敞開的地方。

而紀念館所在地周邊就是當年猶太難民聚集居住的主要地點，來到紀念館內會看到許多珍貴的內容展出，經由照片與生還者事後的口述影片，可以知道本來在戰爭中就已經很困苦的上海民眾，騰出空間接納這些難民，也因此許多猶太人迄今仍感懷上海人民的包容救濟。的舟山路走進去，兩側的房屋也是當年猶太人窩居的地方，也包括後來成為美國財政部長的布魯門薩爾等人，在紀念館內呈現許多感人的故事，相當程度記錄了當年上海展開雙臂接受廣大猶太難民的歷史，內容令人動容，非常有意義。

1珍貴的建物遺址也保留下來 **2**以許多方式呈現展出內容 **3**摩西會堂是當年猶太難民的宗教信仰中心

特色美食 一位難求的小籠湯包

白馬咖啡館

MAP **P.171 / B1**
1號出口
步行約5分鐘

在紀念館對面還有一間咖啡館，可以一併造訪。獨棟小洋房造型非常搶眼，當年(1939年)自維也納逃亡到上海的猶太人魯道夫，一直夢想著重回維也納，便用自己冒險轉移出來的6,000美元，將當時在維也納知名的白馬咖啡館複製到上海，用來解鄉愁，後來這裡也成為猶太人生活聚集的地方。

13號線
Line 13

地標級奇景與文創基地

江寧路站
Jiangning Rd.

金沙江路站
Jinshajiang Rd.

隆德路站
Longde Rd.

武寧路站
Wuning Rd.

長壽路站
Changshou Rd.

江寧路站
Jiangning Rd.

漢中路站
Hanzhong Rd.

自然博物館站
Shanghai Natural
History Museum

3號線 4號線

11號線

7號線

1號線 12號線

←金遠路站
Jinyun Rd.

世博大道站→
Shibo Ave.

大洋晶典天安千樹

莫干山路50號

江寧路站
Jiangning Rd.

玉佛寺素菜館

玉佛禪寺

長壽路站
Changshou Rd.

北

靠近江寧路站的景點主要有三個：上海最新地標級景觀的「天安千樹」、老廠房變身創意園區的「莫干山路50號」與佛教古剎「玉佛寺」。

其中，天安千樹是世界級鬼才建築師得獎作品，目前內部為大型商城；干山路50號是由老廠房改建而成的創意園區，有許多藝術家聚集於此；玉佛寺則是上海四大寺廟之一，其內的國寶級玉佛值得一觀。

David的貼心提醒！

天安千樹到莫干山路50號，距離不遠剛好漫步過去，一路上還有些街頭塗鴉藝術可以欣賞。

新藝術與老建築的視覺結合

莫干山路50號

DATA

✉上海市莫干山路50號

這個地方就是以地址作為名稱，「莫干山路50號」過去是一片紡織廠，區內有各式早年的工業建築，現在由於大量的藝術家進駐，使得這些老建築產生了新的視覺衝擊。穿梭在老廠房之間本身就有一種特別的感覺，而原來空曠的廠房現在被藝術家們承租，他們各擁有自己的一片空間，在牆上展示自己的創意作品，坐在空間內的小桌旁的年輕人也許就是藝術家，如果感覺投緣，他們會很樂於跟你述說創作

❶連牆壁貼磚都有藝術趣味 ❷老廠房變身藝術空間 ❸每間畫室都值得參觀

的理念。就這樣，這裡的空間被無數的藝術家占據著，簡直就是逛一座美術館，奔放的、大膽的、新奇的，藝術家們的各類畫作在這片有歷史的老廠房內交流衝擊，非常建議來這走走。

古巴比倫空中花園再現

大洋晶典天安千樹

DATA

✉上海市普陀區莫干山路600號 ☎(021)2215-5118 🕐11:00～22:00

設計者是英國的Thomas Heatherwick，結合「黃山」與「古巴比倫空中花園」概念，利用1,000根立柱、400個露台、大量錯層，打造出有如阿凡達世界一般的特色建築，一推出就成為上海地標級景觀！

內部是大型商城，全稱為「大洋晶典天安千樹」，室內設計同樣令人驚喜！注意到了嗎？與外部相同的立柱花園設計直接在室內貫穿，整體的一致性立刻拉滿！最欣賞的就是這間商城內的店鋪設計，每一間都好棒好有感覺，不論你是遊客，或是從事室內設計、櫥窗設計的人都該來瞧瞧：地標級的建築設計、充滿設計感的室內、櫥窗設計，加上廣大的賣場空間，逛起來非常舒服！

❶藝術感延伸到商城內 ❷經典建築的外觀，內部是大型商城

玉佛禪寺

遊賞去處

吸引眾多海內外遊客

MAP P.175／C3
3號出口
步行約5分鐘

DATA

✉上海市安遠路170號 ☎(021)6266-3668 🕐08:00～17:00 💲￥20，參觀玉佛另加￥10 ➡3號出口出站，往後回轉走到江寧路再左轉，直到安遠路右轉

建於1918年的玉佛寺，以廟內兩尊玉佛而聞名，吸引海內外遊客慕名前來。清光緒8年，普

陀山慧根法師單丁行腳前往緬甸，開山取玉，雕成5尊玉佛，欲請回普陀山，途經上海時留下坐、臥佛像各一，並建廟供奉，這便是玉佛寺的來由。

其中，坐姿玉佛為鎮寺之寶，供奉於玉佛樓，是釋迦牟尼佛成道法像，由整塊翡翠白玉精雕而成，高190公分，玉質細潔、莊重安詳，佛身上還有鑲嵌寶石、金箔，光采奪目。臥佛則供奉於臥佛堂，通體白玉，長96公分，側身而臥姿態安詳。

整座玉佛禪寺占地8,400平方公尺，採宋代殿宇形式，有天王殿、大雄寶殿、玉佛樓、觀音堂、銅佛殿等，寺內珍貴文物眾多，還包括了鑄造於北魏的釋迦牟尼青銅立像、東魏時期的石雕藥師佛等。

另外，除了玉佛法像莊嚴、廟宇結構與布局饒富特色之外，David提醒你，千萬不要錯過玉佛禪寺的素食餐廳，而素麵與小點心都極其好吃，且價格不貴。

從玉佛殿往下看，老磚瓦下的宗教寧靜，更顯禪意

玉佛寺素齋

特色美食

用料實在，風味絕佳

MAP P.175／C3
3號出口
步行約5分鐘

DATA

✉上海市普陀區陝西北路1268弄6號 ☎(021)6266-5596

最有名的就是他們的素麵，什錦羅漢麵、雙菇肉圓麵，都是招牌，原來對於寺廟附屬的素菜館沒有太大的期望，卻沒想到令人驚喜；另外，一碗雙菇肉圓麵，用料實在，碗內滿是香菇不說，素肉圓的味道簡直與葷菜無異。

除此之外，再建議你點素菜包子與蘿蔔糕，同樣風味絕佳，令人驚豔！原來，玉佛寺的素菜在大江南北獨樹一幟，在色、香、味上已經做到了以假亂真的地步，吃過的人無不讚歎其手藝。人數多些也可以上2樓點菜吃，素火腿、素燒雞、羅漢齋、素炒蟹粉，一邊吃一邊猜測，究竟是什麼素菜原料製作出如此仿真的菜色，也是一大樂趣。

1素包子也是一絕 2雙菇肉圓麵，口感幾可亂真

17號線
Line 17

千年古鎮娛樂新天地

蟠龍路站
Panlong Rd.

XINTIANDI 蟠龙天地

趙巷站
Zhaoxiang

嘉松中路站
Jiasong Middle Rd.

徐涇北城站
Xujing North City

徐盈路站
Xuying Rd.

蟠龍路站
Panlong Rd.

諸光路站
Zhuguang Rd.

虹橋火車站
Hongqiao
Railway Station

←東方綠舟站
Oriental Land

2號線 10號線

地鐵17號線的開通，方便了許多偏遠景點的抵達，其中蟠龍古鎮就是過去冷門的地點，現在蟠龍站出站走點路就到囉！

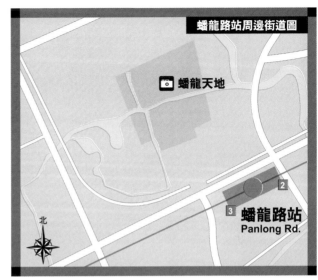

蟠龍路站周邊街道圖

📷 蟠龍天地

北

3 蟠龍路站
Panlong Rd.

2

千年古鎮完美變身

遊賞去處

蟠龍天地(蟠龍古鎮)

MAP P.179
2,3號出口
步行約5分鐘

DATA

✉ 上海市青浦區蟠鼎路123弄8號　📞 (021)6486486　🕐 10:00～22:00

　　青浦蟠龍古鎮有1,400年歷史，由於位置相對偏遠，過去較少遊客知道。上海市政府以城中村的概念來改造，由地產商瑞安集團，打造UrbanRetreat城市微度假目的地，集古鎮、商業、公園、住宅為一體，於是就有了上海最新景點：蟠龍天地。

　　整個蟠龍天地依附古鎮的範圍，以修舊如舊的精神打造，不但保有三公里的天然水系，同時保護還原古鎮內的蟠龍庵、十字街、程家祠堂、香花橋等古蹟建物，再將現代的商業內容導入，在園區內美食餐廳、文創商店、特色小吃、按摩SPA、家具服飾，超過百家商店進駐，是瑞安集團繼上海新天地後，在上海的又一個造鎮級改造計畫。

　　因為地鐵17號線的開通，遊客搭到蟠龍站出站不遠即達，相當方便！不論是在古鎮中漫步，或是搭船遊水道，看看古蹟建築，或是逛逛商鋪，打卡拍照畫面都超美！而且有別於傳統老古鎮，一窩蜂的特色小吃弄得油煙感很強，蟠龍天地就現代詩意的多，只是好像也少了這麼點古意。

1 江南水鄉的小橋流水這裡也有 2 有興趣可以搭船體驗水鄉風情
3 古鎮內的糕糰店都是現做的

17號線
Line 17

遊歷江南水鄉古鎮

朱家角站
Zhujiajiao

東方綠舟站
Oriental Land

朱家角站
Zhujiajiao

澱山湖大道站
Dianshanhu Ave.

漕盈路站
Caoying Rd.

青浦新城站
Qingpu Xincheng

匯金路站
Huijin Rd.

趙巷站
Zhaoxiang

虹橋火車站→
Hongqiao Railway Station

朱家角是距離上海最近的水鄉，以前要從人民廣場搭公車約1小時前往，現在地鐵17號開通，要去真的方便多了！要特別留意17號線的起點是「虹橋火車站」，這裡是上海進出人口最多的地方，轉車時請多留心腳步與隨身財物。

朱家角站周邊街道圖

📷 朱家角古鎮

📷 城隍廟

📷 大清郵局

浦祥路

珠溪路

朱家角站
Zhujiajiao 1

2

5

北

中國最值得外國人去的50個地方

朱家角水鄉古鎮

MAP P.181
1號出口
步行或搭車

DATA

地鐵 / 步行：1號出口，步行2公里
　　　公車：1號出口方向，搭乘1510路(¥1)珠湖路課植園路站下車
　　　三輪車：1號出口方向有三輪車(¥20)

公車 / 普安路搭乘「滬朱高速快線」前往，車資¥12。(由8號線的大世界站3號出口出站前行5分鐘右轉普安路即是公車總站)，車程約1小時

　　遊歷朱家角古鎮免費，要參觀景區內的景點才需要費用，有¥40~80元的聯票類型，可在朱家角旅遊諮詢服務中心購票。

　　朱家角的歷史最早可以推到1,700年前的三國，這裡已經形成村落集市，特色為一橋、一街、一寺、一廟、一廳、二園、三灣、二十六弄，是國家4A級景點，曾被選為「中國最值得外國人去的50個地方」之一。

　　朱家角特色為「小橋、流水、人家」，據悉已故知名作家三毛，也曾對此地美景留下深刻的印象，遊客可以沿著水岸人家漫步，整個景區內青石地面、老式建築，加上進駐了許多文創小店、臨河的特色咖啡店、當地美食餐廳，來到這裡就悠閒的走走晃晃吧。

1 路邊三輪車可以送你到古鎮 **2** 有歷史的醬園 **3** 城隍廟記得不要點香，參觀就好 **4** 文創小店也很多 **5** 江南水鄉風情很好拍

古鎮遊船

來到江南水鄉沒有乘船遊歷，就少了一點風味。如果想要體驗古鎮的手搖船，一船的價格為200 300人民幣，可乘坐六人，你可以在船碼頭與其他遊客拼船，這樣分攤下來35元就搞定囉 隨著船行遊歷於水鄉民宅之間，意境特別不同。

頭像剪紙

在城隍廟附近有一個小小的店面，有一位老太太在幫人剪頭像，一般頭像￥5，全身￥10，剪得維妙維肖，詢問下得知她以前是美術老師，在這裡幫人剪頭像已經30年了，價格不高、但樂趣不少，建議你試試。

David的貼心提醒！

參拜城隍廟心誠則靈

提醒你，進入城隍廟請注意，只要參觀就好，廟內的點香、抽籤等活動勿嘗試，事後會向你索要善款捐助，給人的感覺很不好。

另外，朱家角離上海很近，每逢假日人潮擁擠，簡直是看人不是看景，建議你選擇非假日的時間前往，才能獨享店家的臨窗座位。

大清郵局

始建於清同治年間，為當時上海區域13個主要通郵站之一，目前是華東地區唯一留存清朝郵局遺址，內部展示了過去郵遞的介紹、老上海明信片等等，非常地有意思。你還可以在這裡寄張明信片回台灣，郵筒就在大門口(郵資￥2)。

在清朝時就已經存在的郵局

阿婆粽子

一路上都是賣粽子的店鋪，到了下午更是家家有位「老太婆」努力地包著各式粽子，這是當地的特產，味道確實不錯，一個才￥4～8，非常值得推薦！

搭地鐵玩遍
上海

上海旅館住宿

在上海這個國際大都會，你可以體驗到來自全世界最知名的連鎖旅館，也可以品味到特色精品的酒店。在本章節中David會從多個不同的角度為讀者推薦鄰近地鐵同時住宿品質不錯的旅館選項。

上海的各類型住宿實在太多，由於篇幅有限，難免遺珠之憾，有興趣的讀者也可以參考David特別製作的「上海酒Hotel推薦地圖」：goo.gl/1eMnMd，直接在地圖上進行選擇與安排。

上海最經典代表飯店　MAP P.95／D2

和平飯店

DATA

📧上海市黃浦區南京東路20號 📞(021)6321-6888 💲¥1,680～6,000 🚇最近地鐵站：2、10號線南京東路站

難得來到上海，是不是會希望能夠住在有歷史感的地標級酒店呢？試試建於1929年，由猶太籍的房地產大亨沙遜(Victor Sassoon)所投資興建、芝加哥學派哥特式風格設計，樓高達77公尺，在外灘建築第一高樓，昔日被稱為「遠東第一樓」的和平飯店吧！

和平飯店在2010重新開幕後由「Fairmont」酒店集團管理，該集團旗下的酒店在全世界有超過60家，有許多都是地標級的古堡或歷史建築！而在房間部分，絕大多數的房間都採用了Art Deco形式的布置，典雅中不失莊重，特別是這裡的床墊，我稍微目測了一下，足足有35公分以上厚，感覺躺上去就整個不想爬起來了！相信住在這裡一定會有一夜好眠！

此外，細節還包括了整個酒店內環境的味道、衛浴內所有沐浴用品的選擇等等，都讓我留下深刻的印象。

1 和平飯店的入口處(照片提供／和平飯店)
2 古樸與現代風格並存的房間(照片提供／和平飯店)
3 舒適的衛浴空間(照片提供／和平飯店)
4 大堂的氣勢恢弘大度，簡直堪比博物館

住進雲裡的高層景觀 MAP P.115 / D3

上海柏悅酒店

DATA

上海市浦東新區世紀大道100號79-93樓 (021) 6888-1234 ￥2,200～5,500 最近地鐵站：2、14號線陸家嘴站

要想讓你的上海之旅留下永久的回憶，另一個選擇就是住到上海的天空去吧！上海柏悅酒店位在上海最高樓之一的環球金融中心之上，每一個房間的高度都與天空看齊！你能想想窗外就是整片上海美景，而東方明珠、金茂大廈都還沒有你的房間高度高呢！

能夠住一回這樣的酒店鐵定是終生難忘了，當然也省下了去高空觀景的費用，因為美景就在你房間呢！房間的內部走的風格較為簡約，但依舊是五星級水準，尤其是這裡重視住客隱私與擁有的美食餐廳、高空酒吧，可以讓你一整天都捨不得出門呢！

■住進曾經的世界第一高樓吧(照片提供／環球金融中心) ■簡約舒適的房間內部空間(照片提供／柏悅酒店) ■游泳池當然也在天上：85樓(照片提供／柏悅酒店) ■酒店大堂與房間都是世界級高度

讓你WOW出來的飯店

上海外灘 W Hotel

DATA

上海市旅順路66號 (021)2286-9999 ￥2,000～3,500 最近地鐵站：12號線國際客運中心站

「W」這個品牌本身就充滿了話題性，「流行」與「潮」的形象使它擁有許多的忠實粉絲，上海外灘W坐落於北外灘絕佳的位置，光是景觀就讓你的上海旅程印象深刻。

第一眼看見房內的大玻璃窗的景致，就會讓你忍不住「WOW！」，別急，先看看床上擺著可愛的小籠包造型抱枕，這也是上海的代表物唷，同時你會發現在窗戶的邊上都設計了躺椅，方便住客以最舒適的姿勢欣賞無敵的美景，要注意的是，房型上有城市景觀與江景方向，如果預算足夠建議遊客選擇面江的房間，畢竟難得來到上海，就要享用到最好的江景啊！

■所有房型都有景觀喔 ■W的露天酒吧 (照片提供／外灘W Hotel)

《玫瑰玫瑰我愛你》發源地 MAP P.33/C1

揚子精品酒店

DATA

✉上海市人民廣場漢口路740號 ☎(021)6080-0800 💲￥1,000～2,500 🚇最近地鐵站：1、2、8號線人民廣場站

首先，它的建築本身就是一段歷史，在30年代，曾有「遠東第三大飯店」的美譽，更是知名歌曲《玫瑰玫瑰我愛你》的發源地！當年這裡曾是揚子舞廳，歌星姚麗就是在此唱響了這首膾炙人口的經典名曲。

位在人民廣場旁，鄔達克經典建築「沐恩堂」後方，加上緊鄰地鐵口的位置優勢，成為必須推薦的優選旅館！先前由國際知名的朗廷酒店集團管理，現在則獨立經營，完全一樣的規格與服務，少了朗廷兩個字，房價約是當年的8折！

旅館內每一條走道的牆面，都布置了滿滿的民初風情物件，畢竟這是一間主打上海風情的旅館，可以逐層去晃晃，看看這些收藏品，充滿了上海的租界風情！

房間比照五星級水準，特別的是一進房間就迴盪起了《玫瑰玫瑰我愛你》的音樂！這是揚子精品酒店的特色之一，此外，揚子精品酒店非常自豪的一點：衛浴空間足足有三分之一個房間的大小！真的有夠寬敞！簡直是奢侈的利用啊！對於洗個好澡很在意的遊客應該會非常地興奮！

1由建築師李蟠規畫，以30年代最流行的Art Deco風格設計 **2**這裡的陽臺是這棟經典建築的特色造型之一 **3**房間呈現了租界時期的復古風 **4**自豪的衛浴空間，堪稱全上海最大氣(以上照片提供/揚子精品酒店)

張愛玲故居在旁邊　**MAP P.77／B2**

宏安瑞士大酒店

DATA

📧上海市靜安區靜安寺愚園路1號　📞(021)5355-9898
💲￥1,200～2,500　➡最近地鐵站：2、7、14號線靜安寺站

Swissôtel Grand Shanghai位於靜安寺地鐵站，而且就在張愛玲故居的旁邊，周邊有靜安寺、久光百貨、百樂門、晶品中心、歐芮百貨等景點，地理位置非常地優異！

一進入酒店大堂，會看到瑞士酒店集團全球統一的象徵物「立方體鐘」，由瑞士最古老的安德爾芬根的馬德爾塔鐘錶廠特別為瑞士酒店集團打造，每一年的走時誤差低於百萬分之一秒！藉由這個彰顯酒店品牌特質：煥活身心、可持續高品質、匠心獨運。

五星級設施與高等級服務令人倍感尊榮，就連瑞士酒店早餐都是超高規格的數量與內涵，客人甚至可要求將健身器材直接送至客房，自行定制個人健身計畫。此外，商務、行政房型還提供7種枕頭選單：瑞士石松片、護頸枕、小麥舒適枕、抗過敏枕頭、蕎麥枕、薰衣草枕、中草藥(菊花)枕。貼心到這麼細緻的地步，不愧是高等級酒店！

1適合拍照打卡的高挑大堂 **2**舒適的行政大床房 **3**泳池的設計採用了中空的採光方式 **4**優異的地理位置：靜安寺、久光百貨後方(以上照片提供／宏安瑞士)

David的貼心提醒！

宏安瑞士大酒店的無障礙空間設計也是上海較突出的。

住進影集裡的豪宅大院

上海瑞金洲際酒店

DATA

✉上海市黃浦區瑞金二路118號 ☎(021)6472-5222
💲¥1,500～2,500 🚇1、10、12號線陝西南路站

　　上海瑞金洲際酒店以前叫做「瑞金賓館」，是一座超過百年歷史的莊園豪宅，接待過的名人非常之多，甚至蔣介石與宋美齡當年都在此舉行訂婚儀式；整個莊園般的基地擁有55,000平方公尺面積，大量的花園綠地包圍著其中僅有的幾棟建築物，許多影視劇也都來此取景，包括了金城武主演的電影《喜歡你》、《流金歲月》、《小時代》等。

　　住客一進入建築內就會被Lobby的氣場震撼到，驚人的巨型水晶燈佈置，強大的氣場突顯了上世紀20年代的奢華感，最佳拍攝地點則是要走到尾部的迴旋梯，所有人都一定會在這裡拍照！除了主樓之外，建議還要去貴賓樓走走，這裡有一間「電影博物館」：牆上滿滿都是歷史照片與曾經在這裡取景的影視劇照，你完全可以想像自己住進電影場景中！

　　房間部分採用古典形式設計，典雅但不老派，大量歐式燈具、家具營造出華麗感，就連衛浴空間面積與佈置也都很奢華，小資女生或是蜜月旅行都超級推薦！此外，偌大的莊園中還有大量的草地、造景、迴廊、步道，光是莊園內漫步就舒適愜意的很，你會發現草坪上常有新婚活動在舉辦，這裡是上海女孩夢想的結婚場合。

1 酒店大堂的吊燈氣場強大 2 這環境完全是影集中的豪宅大院 3 歐式奢華風的房間布置 4 馨源樓內有米其林推薦的餐廳 5 小資女可以享受貴婦般的泡澡體驗

上海金茂君悅大酒店

DATA

✉上海浦東新區世紀大道88號 ☎(021)8024-1234
💲¥1,100～2,000 🚇2、14號線陸家嘴站

浦東陸家嘴三大高樓，都有酒店進駐，遊客難得來到上海不妨選擇入住！而其中論房間數量、房型大小、價格區間，我真的會推薦追求CP值的遊客選擇上海金茂君悅酒店，可用最划算的價位體驗到高空、五星級感受。

最大特色：窗外就是無敵的上海美景！直接看東方明珠，遠更是直面外灘萬國建築博覽會，這個畫面上傳臉書、IG都會換來一堆讚！光是這一幕你的房價就已經值了。而房間採用中式詩詞與書法的經典設計，每一個床頭背景都會是古意盎然的感覺，室內空間部分也非常的寬敞。同時，酒店設施分布在各樓層，必不可錯過的就是56樓的天庭、87樓的九重天酒廊(詳P.117)。

1房間寬敞搭配中式詩詞書法 **2**窗外就是上海無敵景觀
3在東方明珠旁邊泡澡是怎樣的感覺

上海外灘英迪格酒店

DATA

✉上海市中山東二路585號 ☎(021)5101-5566 💲
¥1,200～2,000 🚇最近地鐵站：9號線小南門站，3號出口，步行約10分鐘

這棟位在南外灘的酒店，是洲際酒店集團（IHG）旗下的高端精品酒店，樓上有南外灘知名的露天酒吧：恰（CHAR）酒吧，同時坐擁外灘第一排的優勢景致，很受到遊客的喜愛。

房間的設計很有精品酒店的感覺，中式傢具、木質椅、碎花枕頭，牆體也營造成老式石庫門的灰磚型態。床的部份也是古意盎然，完全就是「民國風」，配合牆頭的壁畫，很有蘇州小園林的感覺，這樣的設計在復古風中保持了現代感。可惜房間空間相對較小，位置也遠離地鐵站，如果你是想要住在外灘第一排，又不想花到天價，其實位在南外灘的英迪格是不錯的選擇。

1房間很有民國風，小家璧玉的感覺 **2**樓上的酒吧景觀無敵，比酒店本身更搶眼

蘇州河畔頂級貴婦風

上海蘇寧寶麗嘉飯店

DATA

✉ 上海市北蘇州河路188號 ☎ (021)3680 6666
💲 ￥2,000～4,000 🚇 10、12號線天潼路站

這間酒店就位在蘇州河水岸旁，進到酒店光是經過大堂就明顯感覺到整個奢華的氣場，來自捷克的水晶吊燈、義大利進口的大理石材、玻璃、金屬，設計上完全如同奢侈品牌店的格局，讓你一進來就有貴婦的感覺。

所有物件都是高質感的呈現，從燈具、地毯、沙發都散發出奢華感，最誇張的是酒店內許多的牆體竟然都是皮革包裹的！加上卯釘收邊，說真的，令人覺得這不像是酒店，反而像是愛馬仕的旗艦店啊。

房間最基本都從60平方公尺起跳，所以空間都很大很舒適，室內設計結合現代與古典，延續了酒店的奢華觸感，住在這裡漫步蘇州河極端方便，一大早散步到外白渡橋還能拍到外灘難得的空景，強烈推薦小資貴婦來體驗看看！

1 270度的3面環繞巨型LED螢幕 **2** 桑拿也有蘇州河與外灘的景致 **3** 臨蘇州河的房型相當浪漫 **4** 大堂的樓梯與氣場都很奢華

搭地鐵
玩遍上海